골프,
생각이
스윙을
바꾼다

골프, 생각이 스윙을 바꾼다

제1판 제1쇄 발행 2014년 5월 28일
제1판 제2쇄 발행 2014년 8월 20일

지은이 이종철
펴낸이 임용훈

마케팅 양총희, 오미경 **편집** 전민호
디자인 디자인루소 www.designlooso.com
일러스트 박다솜(간지), joungbowwow.blog.me(본문)
용지 (주)에스에이치페이퍼 **인쇄** 완산정판
표지인쇄 예일정판 **제본** 동신제책사

펴낸곳 예문당
출판등록 1978년 1월 3일 제305-1978-000001호
주소 서울시 동대문구 답십리2동 16-4(한천로 11길 12)
전화 02-2243-4333~4 **팩스** 02-2243-4335
이메일 master@yemundang.com
블로그 www.yemundang.com
페이스북 www.facebook.com/yemundang
트위터 @yemundang

ISBN 978-89-7001-571-2 13690

· 본사는 출판물 윤리강령을 준수합니다.
· 이 책은 저작권법에 의하여 보호를 받는 저작물이므로 무단전재와 무단복제를 금합니다.
· 파본은 구입하신 서점에서 교환해 드립니다.

· 이 도서의 국립중앙도서관 출판시도서목록(CIP)은 e-CIP홈페이지(http://www.nl.go.kr/ecip)와
 국가자료공동목록시스템(http://www.nl.go.kr/kolisnet)에서 이용하실 수 있습니다.(CIP제어번호:CIP2014014169)

골프, 생각이 스윙을 바꾼다

이종철 지음

예문당

추천의 글

바람에 흔들리는 갈대처럼 시공간을 초월하여 달라지는 이내 마음을 추스르기 위해 오늘도 어김없이 법당을 찾는다. 일체유심조(一切唯心造)라. 세상만사 오로지 마음먹기에 달려있다는 가르침은 마음이 행동의 근간이요, 인간 현상의 근원이라는 사실을 다시금 일깨워준다.

내가 근무하는 곳은 '대한민국을 대표하는 사람', '운동 분야에서는 최고의 사람' 등으로 인식되어지는 국가대표 선수들이 훈련하는 태릉선수촌이다. 이들은 올림픽, 아시안게임 등 각종 국제대회에서 오직 금메달을 목표로 피나는 노력을 하는 사람들이다. 시상대에 오르는 태극기와 가슴 뭉클한 애국가의 꿈은 이들이 고된 훈련을 버티게 하는 그야말로 정신적 에너지의 원천이다.

피와 땀을 흘린 만큼 보상이 따른다면 모두가 금메달감이다. 하지만 전부 그만한 보상을 받지는 못한다. 여기에는 여러 가지 이유가 있겠으나 시시각각으로 변하는 그들의 마음에도 원인이 있다. 어떤 시합에서는 자신감이 넘치는 반면, 어떤 시합에선 불안에 떨기도 한다. 때로는 너무 잘하려는 마음 때문에, 때로는 집중이 안 돼서 게임을 망치는 경우가 더러 있다. 이런 현상은 국가대표 선수들에게도 흔히 있는 일이다. 이렇듯 스포츠 현장에서 자신의 마음은 상대보다 더 경계해야 할 또 다른 적이 될 수 있다.

골프도 예외는 아니다. 골프는 특히 양궁, 사격과 같은 폐쇄운동(혼자서 하는 운동)이기에 자신의 마음을 어떻게 다스리느냐가 경기의 승패를 좌우한다. 친구들과 라운드를 하는 것과 프로들 틈바구니에서 라운드를 하는 것이 무엇이 다르겠는가? 또는 내기 없이 치는 골프와 타당 10만 원씩 걸려있는 골프가 무엇이 다르겠는가? 다른 것이 있다면 오직 나의 마음뿐이다. 상황

이야 어떻든 평소처럼 스윙하고 평소처럼 퍼팅하면 된다. 그러나 우리는 이것을 생각처럼 쉽게 하지 못한다. TV 속에서 1m 우승 퍼팅을 놓치는 프로선수들에게도 '평소처럼'은 지상 최대의 과제였을 것이다.

골프는 여타의 종목과 다른 특성이 있다. 자연과의 어울림, 사람과의 어울림 그리고 동그란 골프공. 모두가 변화무쌍한 상황을 제공하는 단초들이다. 이렇게 다양한 상황에 따라 흔들리는 것이 바로 골퍼의 마음이다. 골프만의 특성을 이야기하자면 이렇게 시종일관 흔들리는 골퍼의 마음도 그 중 하나일 것이다. 흔들리는 마음은 잡아야 하지 않겠는가? 골프를 잘 하려면 바로 '마음의 게임'을 해야 한다.

이 책이 바로 그러한 "마음의 게임을 어떻게 해야 하는가?"라는 물음에 친절한 답을 주고 있다. 특히 쉽게 지나칠 수 있는 골퍼의 심리상태에 대한 세심한 관찰이 돋보인다. 골퍼들의 잘못된 생각, 적절치 않은 태도를 지적하면서 골퍼 스스로가 깨닫지 못하는 자충수에 주목하고 있다. 다시 말해 아무리 노력해도 실력이 늘지 않았던 골퍼, 구력이 오래 되었어도 제자리걸음을 하고 있는 골퍼에게 골프에 대한 새로운 패러다임을 제시해주고 있는 것이다. 이종철 프로의 이러한 고민과 노력은 중상급자뿐만 아니라 초보자에게도 즐거운 골프의 길을 알려줄 것으로 기대된다. 이 책을 집어든 당신이 골프를 잘 치고자 열망하는 사람이라면 당신은 분명 행운아다. 이 책이 바로 당신의 소망을 들어줄 친절한 안내자가 될 것이기 때문이다.

체육과학연구원 수석연구원
김병현

프롤로그

골프를 치기 시작한 지 근 20여 년이 흘렀습니다. 처음에는 한국 골프의 거장 최상호 프로의 감격적인 우승 모습에 매료되어 겁 없이 골프채를 잡았지만, 집안 형편상 고가의 레슨비를 내면서 배울 처지는 안 되었습니다. 그래서 선택한 방법이 고달픈 연습생의 길이었죠. 실내연습장에서 연습생으로 시작하여 중고 골프클럽을 구입하고, 드라이빙 레인지*에서 어깨 너머로 골프를 배우기 시작했습니다. 시합 비용을 마련하기 위해 캐디로 나서기도 했고, 실내연습장 프로로 나서기도 했습니다. 넉넉하지 않은 형편 때문에 라운드에 목이 말라 필드연습생을 전전하기도 했습니다. '프로가 돼서 나도 한번 스포트라이트를 받아보겠다!'라는 꿈을 가지고 앞만 보고 달려왔죠.

그렇게 달리기 시작한 지 12여 년, 열네 번의 예선 탈락이라는 고배를 마시고 비로소 '프로'라는 타이틀을 얻게 되었습니다. 12년 동안 꿈을 향해 달려온 결과가 '고작' 한국프로골프협회 입회였죠. 처음 시작할 때의 거창한 꿈에 비하면 보잘 것이 없었습니다. 하지만 저에게는 대성통곡해서 풀어야 할 마음의 한(恨)이 되어 있더군요. 오랜 시간 골프라는 덫에 걸려 사경을 헤매고, 급기야 한(恨)이 되었던 것에는 이유가 있습니다.

저는 골프를 깨우치기 전까지는 이렇다 할 스승이 없었고, 스승이라면 오로지 고집스러운 나의 생각과 책이 그 역할을 대신했습니다. 그리고 연습만 열심히 한다면 모든 것이 잘될 것이라 생각했습니다. 하지만 나중에서야 깨달았습니다. 골프를 잘 치기 위한 나의 노력

> **드라이빙 레인지**
> 드라이버를 칠 수 있는 실외 골프 연습장.

은 우물에서 숭늉 찾는 격이요, 업은 아이 3년 찾는 격이었습니다. 아, 12년이네요.

　골프에는 이면이 있습니다. 쉽다면 쉽게 할 수 있는 반면, 어렵게 생각하면 한없이 어려워질 수 있는 것이 골프입니다. 제가 바로 어렵게만 생각한 1인이었습니다. 골프를 독학한다면 더욱 힘들겠지만 레슨을 받는다 해도 '골프를 안다'는 것은 평생 다 이루지 못할 숙제가 될 수도 있습니다. 아마추어 중에는 레슨을 몇 년씩 받아도 백돌이, 백순이*를 면치 못하는 사람들이 있습니다. 선수들도 마찬가지입니다. 구력이 오래 되었음에도 불구하고 성적을 못 내는 선수, 성실하게 연습은 하지만 시드권을 따내지 못하는 선수들도 골프를 안다고 자신 있게 이야기하지는 못할 것입니다.

백돌이, 백순이
스코어가 100타 부근에 있는 골퍼.

　이제 저는 팔자타령으로 거창한 꿈은 걷어치우려 합니다. 골프선수로 성공할 팔자는 아니었던 모양입니다. 그리고 골프 선생으로는 어떨는지 다시 한 번 꿈을 꿔봅니다. 이제는 이심전심으로 골프 때문에 상처받은 사람을 치료해주고 싶습니다. 골프 때문에 죽을 것 같다는 사람들에게 희망을 줄 수 있는 그런 선생이 되기로 마음먹었습니다. 그동안 마음 아파했던 경험들, 시행착오를 겪었던 일들, 가르치는 방법 그리고 환희와 절망 속에 울고 웃었던 지난날의 경험들은 이제 더 좋은 골프 선생이 되기 위한 재산이 되어 있습니다. 이제 막 그 재산을 정성껏 정리하여 나누기 위해 이렇게 깊은 밤의 끝을 잡고 컴퓨터 앞에 앉아 있습니다.

　이 글은 유명한 골프선수가 쓰는 글도 아니요, TV에서 잘나가는 티칭프로가 쓰는 글도 아닙니다. 비록 화려한 경력의 골프선수는 아니었지만 골프를 누구보다 좋아하고, 골프를 잘 치고 싶은 마음만큼은 누구보다도 화려했던 한 골퍼의 글입니다. 아마도 골프에 대한 열정만큼은 타이거 우즈보다 더 컸을지도 모르겠습니다. 저와 같은 열정이 있고 절실함에 목이 마른 골퍼라면 소주 한 잔 걸치며 밤새도록 이야기를 나누고 싶네요.

　골프의 이면에는 칼날이 숨어 있습니다. 지금 이 순간에도 골프 때문에 상처투성이가 된 가련한 이가 있을 것입니다. 아마도 남모르게 끙끙 앓고 있을지도 모릅니다. 저는 그 누군가를 위해 골프 선생으로서의 사명감을 가지고 이야기를 풀어나갈 작정입니다. 부디 많은 사람이 이 책을 통하여 골프에 눈을 뜰 수 있길 진심으로 기원합니다.

2013년 12월
필드에서 가슴 아팠던 지난날을 회상하며

일러두기

- 이 책은 왜곡되어 알고 있는 골프의 속성을 올바르게 이해하는데 그 목적이 있으며 더 나은 플레이를 위한 레슨서입니다.

- 이 책은 구력이 오래 되었음에도 불구하고 실력이 더 이상 늘지 않는 골퍼에게 유용하며, 골프가 어렵다고 생각되는 분들에게도 쉬운 골프의 길잡이가 될 것입니다. 특히 이제 막 골프를 배우기 시작한 초보 골퍼들에게는 스트레스 없는 골프를 보여드릴 것입니다.

- 이 책은 '움직임의 기술'을 다룬 일반적인 골프 레슨서와 달리 '생각의 기술'을 다루고 있습니다. 따라서 이 책은 '골프 멘탈서', '골프 심리학을 다룬 레슨서'라 할 수 있습니다.

- 가장 중요한 사실은 이 책을 읽은 후 반드시 실행에 옮기는 일입니다. 충실하게 실천한다면 반드시 실력향상이 있을 것이라 확신합니다. 결과에 대한 기대를 성급하게 바라지 마시고 여유를 가지고 따라하시기 바랍니다.

- 이 책에 등장하는 김 사장님은 골프를 잘할 수 없는 정신적·심리적 요소를 두루 갖춘 가상 인물임을 밝힙니다.

- 이 책은 주말골퍼(아마추어)들에게 눈높이를 맞추었지만, 프로선수가 되려는 학생 및 프로지망생에게도 유용한 정보가 될 것입니다.

- 초보 골퍼들을 위해 생소한 골프용어에 주석을 달았습니다. 참고 바랍니다.

차례

추천의 글…4
프롤로그…6
일러두기…9
들어가는 말
골프가 도대체 무엇입니까?…12

제1장 | 생각이 바뀌어야 스윙이 바뀐다

01 골프! 처음에 잘 배워야 한다…19
02 회초리질과 골프 스윙…25
03 다운스윙은 레슨이 필요 없다…29
04 고스톱에도 스윙의 원리가 있다…32
05 움직이는 공과 움직이지 않는 공…37
06 스윙과 리듬…41
07 올바르게 힘쓰는 법…47
08 왜 빈 스윙처럼 안 될까?…53
09 '머리'가 아닌 '몸'으로 하는 스윙…57

제2장 | 배움의 철학

01 선생을 만나는 고통…65
02 '1 + 1 = 2'…68
03 스윙을 고치는 것은 왜 이렇게
   어려운가?…71
04 레슨의 불편한 진실…79
05 '책'이 스승이라 말하지 마라!…84
06 '다 안다'는 자기 함정…87
07 부처님 예수님 공자님도 모두
   골프 선생님…91

제3장 | '질적 연습'이란 무엇인가?

01 스윙의 개념…101
02 샷의 개념…106
03 하나의 표적, 하나의 클럽…112
04 까먹는 것도 연습이다…117
05 프리샷 루틴의 실체…121

06 필드가 연습장이더냐?…126
07 퍼팅 연습은 공 하나로…131
08 색다른 라운드…134
09 다양한 질적 연습…138

제4장 | 그린까지 가는 길

01 첫 티샷(Tee shot)은 어떻게 할 것인가?…149
02 한 수 앞을 보는 티샷…153
03 깃대 보고 쏘고 싶지?…158
04 아직도 파는 할 수 있어! (어프로치)…163
05 퍼팅은 또 하나의 게임!…170

06 첫 번째 '그린 경사 잘 읽기'…173
07 최적의 라인 '프로라인'…179
08 두 번째 '본 대로 잘 서기'…186
09 세 번째 '선 대로 똑바로 잘 치기'…190
10 좌뇌, 우뇌, 소뇌…193
11 우뇌를 어떻게 쓸 것인가?…200

제5장 | 골프 고수로 도약하는 생각의 기술

01 버디를 위한 노래…209
02 캐디를 멀리하자…212
03 긍정의 힘…218
04 집중은 어떻게 할 것인가?…223
05 결단 없는 샷…231
06 매너 골프가 실력을 키운다…234

07 배려도 과유불급(過猶不及)…241
08 핑계는 하수의 언어…246
09 골프에서 완벽은 없다…249
10 골프는 즐기는 마음으로…254
11 가슴으로 느끼는 자신감…259

에필로그…266

들어가는 말

골프가 도대체 무엇입니까?

부처가 되기 위해 참선과 수행을 게을리하지 않는 행자가 있습니다. 하지만 부처가 도대체 무엇인지 알 길이 없던 행자는 결국 주지스님께 찾아가 묻습니다.

"스님! 부처가 도대체 무엇입니까?"
"뒷간에 있는 부지깽이니라. 어허, 저기 굴러다니는 돌멩이도 있구나."

알 수 없는 답변을 들은 행자는 고개만 갸우뚱하고 돌아섭니다.

마치 동문서답을 하는 것처럼 들리고 상식적으로 납득이 가지 않는 이러한 대화를 선문답(禪問答)이라고 합니다. 이것은 불가에서 유래된 것으로 스님들이 수행자들을 지도하기 위한 가르침으로 쓰였습니다. 깨달음을 논리적으로 직접 설명하지 않으면서 그것을 비유와 연유로써 숨은 뜻을 전달합니다. 당장은 이치에 맞지 않는 말처럼 들리지만 그것을 궁리하다 보면 마침내 깨달음의 씨앗이 됩니다.

골프라는 것이 그렇습니다. 골프 고수들은 소위 '깨달음을 얻어야 골프를 잘 칠 수 있다'는 아리송한 이야기를 합니다. 마치 무슨 비결이라도 있는 것처럼 말입니다. 한 수 가르침을 받는다 해도 그 비결을 감춰놓기라도 한 듯, 잘 알려주지 않는 것처럼 느껴집니다. 마음에 와 닿지도 않고, 당장 납득이 잘 가지도 않습니다. 도대체 무슨 말을 하려는 것인지 손에 잡힐 듯 말 듯 마치 뜬구름 잡는 이야기처럼 들립니다. 이렇게 속 시원하게 알려주지 않는 고수들이 야속하기 그지없습니다. 어디서도 답을 얻지 못한 가련한 영혼은 목마른 사슴이 되어 '참 진리'를 찾아 나섭니다.

바람 속 갈대마냥 이리 흔들~ 저리 흔들~.
오늘은 또 무슨 감이 오려나. 내일은 또 무슨 감으로 쳐볼까?
감이라도 올 듯하면 평생이라도 갈 것처럼 희희낙락(喜喜樂樂)하고,
그러다가도 언제 그랬냐는 듯, 세상 다 산 사람처럼 죽상을 하고,
다시는 골프 안 치겠다고 골프채 부러뜨릴 때는 언제고,
슬그머니 클럽헤드는 왜 챙겨 놓는지.
주말이면 새벽부터 옷가방 챙기느라 살금살금, 아이고 마누라 깰라!

골프의 노예가 된 고달픈 중생의 소식입니다. 진리를 찾아 나선 중생은 여기 기웃 저기 기웃하며, 뭔가 주워들을 것이 있는 곳이라면 한달음에 달려와 묻습니다. 목마른 사슴이 애타는 목을 축여볼까 하고 말이죠.

"골프를 잘 치려면 어떻게 해야 하죠?"
"마음을 비워야 합니다."

"골프를 잘 치려면 어떻게 해야 하죠?"
"힘을 빼야 합니다."

과연 마음을 비우고 힘을 빼면 골프를 잘 칠 수 있을까요? 골프 치는 사람이라면 누구나 한 번쯤 들어봤음직한 말입니다. 레슨을 받기라도 한다면 '마음을 비우고 힘을 빼라'는 말부터 듣습니다. 항상 듣던 말이긴 하지만 일단 뭔가 들은 대로 시도해봅니다. 그러나 마음에 와 닿는 것은 없습니다. 한 달을 해도, 두 달을 해도 기대한 만큼의 실력 향상은 없습니다. 애써 만든 스윙을 고치는 것에 덜컥 겁이 나기도 합니다. 고치다가 잘못되면 이제는 죽도 밥도 안될 테고 필드 가서는 친구들한테 터질까 두렵기까지 합니다. '고칠까? 말까?' 이러지도 저러지도 못하고 아우성치는 친구들 성화에 돼지 도살장 끌려가듯 필드에 나가고 맙니다. 어떻습니까? 잘 될까요? 필드 가서 죽을 쓰고 나서야 레슨이고 뭐고 도로아미타불하고 맙니다. '다시는 다른 사람 말에 홀리지 말자'며 다짐을 하고 말입니다.

그런데 정말 골프를 잘 치려면 마음을 비우고 힘을 빼야 합니다.

선문답이 그렇다더군요. '부처가 무엇입니까?'라고 물어보면 질문자와 답변자가 일곱 번 정도 대화를 주고받고 마지막 답이 되어서야 '부처는 뒷간에 부지깽이니라.' 하는 것이랍니다. 대화 속에 생략된 일곱 번의 문답과정을 찾아가는 것이 바로 수행자의 몫이 되겠습니다.

골프에서도 마찬가지입니다. 마음을 비우는 일이 골프와 무슨 상관이 있을까? 힘을 뺀다는 것은 어디서부터 어디까지인가? 참 알다가도 모를 일입니다. 게다가 누구 하나 이 문제에 대해 사막에서 오아시스 만나듯 속 시원히 알려주는 사람도 없습니다. 그저 공허한 메아리만 울릴 뿐 궁금증에 대한 갈증은 쉽사리 해소되지 않습니다. 아마도 그 해답을 쉽게 찾을 수 있다면 너도 나도 부처님 하겠다고 할 것이고 너도 나도 프로 되겠다고 할 것입니다. 그래도 지금 골프채 가지고 죽네 사네 하는 것이 선문답의 마지막 답을 찾는 과정이라면 지금 여러분의 고행길이 그렇게 아프기만 하지는 않을 것입니다.

아무리 연습을 해도 더 이상 실력이 늘지 않는 골퍼.
오랜 구력에도 백돌이를 면치 못하는 골퍼.
골프 때문에 가슴이 아프다는 골퍼.
골프가 날마다 스트레스인 골퍼.
골프를 배우는 것에 덜컥 겁부터 내는 예비 골퍼.

이와 같은 사람들에게 '걱정 붙들어 매시라!'는 위로의 말씀을 드리며, 지금부터 저와 함께 골프 여행을 떠나보겠습니다.

제 1 장

생각이 바뀌어야 스윙이 바뀐다

이 장에서는 골프 스윙의 본질을 알아보고
보다 좋은 스윙을 위한 바른 생각에 대해 알아봅니다.

> 골프는 100% 신체적인 운동이고,
> 150% 정신적 운동이다.

1장 | 생각이 바뀌어야 스윙이 바뀐다

01
골프!
처음에 잘 배워야
한다

저는 대학 신입생 시절, 동아리에서 골프를 처음 접했습니다. 그때까지만 해도 골프는 온전히 남의 나라 이야기였습니다. 그만큼 무관심했습니다. 심지어는 돈 많은 사람들의 전유물로만 생각했던 아주 부정적인 스포츠였습니다. 사치 스포츠의 대명사였던 것이 바로 골프였으니까요. 그랬던 제가 골프 동아리를 기웃거리게 된 것은 참 운명적이었습니다. 동아리 방에 놓인 골프잡지 표지에는 우승컵을 들고 있는 최상호 프로*가 있었고, 그 모습이 너무 멋져보였습니다. 대중의 환호를 받는 모습이 참 매력적이었죠. 갑자기 호감이 생긴 저는 "많은 비용이 들지 않고도 골프를 할 수 있는 방법이 있다"는 선배의 조언을 듣고 패기에 찬 결심을 합니다.

최상호 프로
코리안투어(KPGA) 최다승(43승) 기록 보유자.

'나도 골프잡지에 나오도록 한번 도전해보자!'

깊은 수렁이 기다리고 있다는 것은 꿈에도 생각하지 못하고 이렇게 골프와 만나게 되었습니다.

여러분은 어떻게 골프를 시작하셨나요? 저는 이제 겨우 풀스윙만

피니시
스윙을 끝낸 마지막 동작.

익힌 동아리 선배에게 가르침을 받았습니다. 물론 필드 한 번 나가보지 못한 선배님이었죠. 그래도 이 선배의 풀스윙 시범은 마치 영웅의 그것과도 같았습니다. 피니시* 자세가 나오기라도 하면 우리 신입생들은 환호와 박수갈채를 쏟아냈습니다. 실제로 스윙하는 골퍼의 모습을 전혀 보지 못했던 터라 마냥 신기하게만 느껴지더군요. 그 선배로부터 그립을 배우고 일명 '똑딱이'를 배우게 됩니다. 이것이 저의 골프 인생에 잘못 끼워진 첫 번째 단추였습니다.

시키는 대로 열심히 했습니다. 골프를 전혀 모르는 분들을 위해 이 '똑딱이'가 뭔지 알려드려야겠네요. 이 동작은 마치 시계추가 왔다 갔다 '똑~딱 똑~딱' 하듯이 손목은 쓰지 않고 어깨 턴만으로 볼을 치는 동작을 말합니다. 처음 골프에 입문하면 대부분 이 동작으로 시작합니다. 그 당시 골프 선생님이었던 선배에게 잘 보이려고 한 2주일 동안 진지하게 연습했던 기억이 납니다. 간혹 몇 주나 했다는 사람도 있습니다. 심지어는 "프로가 한 달 동안 그것만 시키더라." 하고 하소연하는 경우도 더러 있습니다.

이 '똑딱이'라는 동작을 나쁘다고 말하려는 것이 아닙니다. 골프를 처음 배우면 "머리를 움직이지 마라. 다리도 움직이지 마라. 허리도 움직이지 마라. 팔도 구부리지 마라. 그립은 어떻게 해라. 시선은 고정해라." 등등 수많은 주문을 받습니다. 한 단계라도 진도가 더 나간다면 주

골프의 똑딱이

문은 더욱 많아집니다. 머릿속은 점점 하얗게 됩니다. 마치 무슨 예술 동작이라도 만드는 듯이 말입니다. 프로님께서 가르쳐 주는 동작을 외우느라 평소에 안 하던 공부까지 해야 할 지경입니다. '이거 해야 하나? 말아야 하나?' 벌써 고민부터 앞섭니다. 모든 골프 선생님들이 그렇게 가르치는 것은 아니겠지만 필시 이렇게 시작한 골프라면 저처럼 한(恨)이 되는 골프가 될 수 있습니다.

"골프는 처음에 잘 배워야 한다."

여러분은 이 말을 어떻게 이해하고 계신가요? 사람들은 대부분 이 말을 이렇게 알고 있습니다. "처음에 잘못된 동작을 배우면 그것이 굳어져서 나중에는 고치기 힘들어진다. 그래서 처음에 잘 배워야 한다." 과연 그럴까요?

PGA 투어 통산 63승! 사상 두 번째로 그랜드슬램*을 달성한 미국의 유명한 프로골퍼 벤 호건(Ben Hogan)은 다음과 같은 말을 했습니다.

그랜드슬램
4대 메이저 골프대회를 모두 석권하는 일(US 오픈, 브리티시 오픈, 마스터즈, US PGA).

"골프는 100% 신체적인 운동이고, 100% 정신적 운동이다."

골프는 몸을 잘 써야 하고 머리도 아주 잘 써야 한다는 뜻으로 들리는데 여러분은 어떠신지요? 모든 스포츠는 인간의 움직임을 바탕으로 하는 게임입니다. 골

벤 호건(Ben Hogan)

프를 한 번도 해보지 않은 사람에게 골프를 해보라고 한다면 스윙 폼인 피니시 동작을 잡을 것이 분명합니다. 또한 '골프를 배운다!'라고 하면 단순히 '골프 스윙'을 만들어가는 과정을 떠올리기 쉬울 것입니다. 이것은 골프에서 인간의 움직임이 바로 '스윙'이라는 것으로 대표되기 때문입니다. TV 속의 골프 경기에서 볼 수 있는 장면 역시 선수들의 스윙이기 때문에 '골프=스윙'이라는 등식이 대중에게는 상식처럼 인식되고 있습니다.

그러나 이것은 '100% 신체적인 운동'이라는 가시적 관점의 반쪽짜리 골프에 불과합니다. 나머지 반쪽인 '100% 정신적인 운동'이라는 관점을 간과할 수밖에 없는 이유를 생각해보면 우선, 시합에 출전한 선수들의 생각을 직접 눈으로 볼 수 없다는 점에 있습니다. 영상을 만드는 캠코더는 선수들의 생각을 찍을 수 없기 때문입니다.

이와 같이 선수의 생각에도 나름의 기술이 있다는 사실은 누구도 눈치채지 못합니다. 저는 이것을 '생각의 기술'이라고 말하고 싶습니다. 이 책에서 다루는 주요한 키워드이기도 합니다. 다시 말해 선수들의 '움직임의 기술'은 보고 따라할 수 있어도 '생각의 기술'은 단지 눈으로 보고서는 따라할 수 없다는 이야기입니다.

'100% 신체적인 운동'이 부각되고 '100% 정신적인 운동'을 간과할 수밖에 없는 또 다른 이유가 있습니다. 초보자를 위한 골프 레슨서 역시, 주로 '골프는 100% 신체적인 운동'이라는 관점에서 쓰인다는 것입니다. 이러한 책에서는 어드레스, 그립과 같은 기본동작에서부터 스윙, 어프로치*, 퍼팅, 벙커샷* 등 주로 기술적인 부분을 다루고 있습니다. 역시 사진과 같은 시각적 정보들이 가득합니다. 방송에서의 레슨 프로그램도 마찬가지입니다. 모두 스윙과 기술에 관한 프로

어프로치
남은 거리에 따라 스윙 크기를 조절하는 샷.

벙커샷
모래 구덩이에서 치는 샷.

그램 일색입니다.

==그래서 골프를 처음 배울 때 '생각의 기술'은 배제된 채 '움직임의 기술'만 강조되기 십상입니다. 많은 골퍼들은 '골프가 100% 정신적인 운동'이라는 점을 간과하기 때문에 시작부터 '어려운 골프'를 하게 됩니다. 또한 그러한 환경에 처해 있다는 사실조차 모르고 골프를 배우는 것이죠.== 그래서 이 책에서는 '골프는 100% 정신적인 운동'이라는 점을 먼저 이야기하고 싶고, 또 강조하려 합니다. 이제 골프를 배우기 시작한 초보라면 '정신적인 게임, 심리 게임을 배운다'라고 인식해야 합니다. 스윙의 기본동작을 배우듯 '생각의 기술'을 발휘하기 위한 기초지식을 습득해야 한다는 것이죠.

"골프는 처음에 잘 배워야 한다"는 말은 골프를 조금이라도 먼저 배운 사람들이 갓 입문자에게 흔히 하는 충고의 말입니다. 이 말을 단지 '잘못된 동작이 습관이 되지 않도록 제대로 배워야 한다'라고만 인식한다면 반쪽짜리 골퍼가 될 가능성이 높습니다. 동작은 잘못 배우더라도 고치기 어렵지 않습니다. 또한 잘못된 동작을 연습했다고 해서 죄다 안 좋은 것도 아닙니다. 왜냐하면 무엇이 옳고 무엇이 틀린 동작인지 인지할 수 있는 시행착오의 과정이 되기 때문입니다. 이것은 훗날 잘못된 동작을 다시 하더라도 스스로 판단할 수 있는 기준이 되고, 안목이 됩니다.

정작 고치기 어려운 것은 생각을 바꾸는 일입니다. 처음에 스윙에 대해 잘못 이해하고 잘못된 관점에서 바라보면 이것은 자칫 영원히 돌아올 수 없는 강이 됩니다. 구력이 오래 되어도 더 이상 스코어가 줄지 않는 사람, 아무리 연습을 많이 해도 실력이 늘지 않는 사람이 바로 이런 경우입니다. 이들이 그 강을 다시 건너오려면 목숨을 건

사투를 해야 합니다. 그래서 "골프는 처음에 잘 배워야 한다"는 말은 "골프(스윙)를 이해하는 관점을 올바로 가져야 한다"는 뜻입니다.

골프를 이해하는 관점이 잘못되어 있다면 골프가 마치 기술적인 부분이 전부인 것 마냥 생각하게 됩니다. 제가 지금 골프의 정신적 요소만 강조하는 것처럼 보이시겠지만, 당연히 골프에서 신체적인 부분도 중요한 요소입니다. 다만 정신적 요소 즉, '생각의 기술'이 배제된 골프라면 반드시 한계가 찾아온다는 말씀을 드리고 싶습니다.

스윙은 좋지만, 멘탈(Mental)이 좋지 않은 골퍼.
스윙은 나쁘지만, 멘탈이 좋은 골퍼.

둘 다 좋다면 더없이 행복하겠습니다만 둘 중 하나를 선택해야 한다면 여러분은 어떤 골퍼가 되고 싶습니까? 저는 당연히 후자를 택하겠습니다. 후자의 선수가 우승하는 모습은 이미 봤지만 전자는 글쎄요……. 앞으로도 과연 나올지 모르겠네요. 여러분이 한번 생각해 보시기 바랍니다. 저는 골프를 잘 치고자 열망하는 세상의 모든 골퍼들에게 이렇게 말하고 싶습니다.

"골프는 100% 신체적인 운동이고,
150% 정신적 운동이다."

1장 | 생각이 바뀌어야 스윙이 바뀐다

02
회초리질과 골프 스윙

잠시 학창시절의 이야기를 해야겠네요. 그 당시 선생님들의 필수품 중 하나가 '사랑의 매'였습니다. 몽둥이도 각양각색, 회초리도 각양각색으로 선생님마다 특징이 있었죠. 선생님들의 매질에 관한 방법론은 아이들 사이에 화젯거리가 되곤 했습니다. 그 중에는 참 맛깔나게 잘 때리는 분들이 계셨죠. 쫙쫙 들러붙게 말입니다. 갑자기 웬 회초리 얘기냐고요?

　회초리질과 골프 스윙에는 상관관계가 있습니다. 두 동작은 상호 비슷한 동작으로 이루어지며, 무언가에 물리적 타격을 가한다는 유사한 인지적 과정에서 비롯됩니다. 게다가 골프 스윙이든 회초리질이든 별 생각 없이 한순간에 처리해야 합니다. 그러나 우리는 스윙을 무언인가 특별한 동작으로 인식하는 경향이 있습니다. 전혀 새로운 동작을 배운다는 착각으로 애써 필요없는 오류를 범합니다. 가령, 테이크백*을 할 때는 삼각형을 유지해야 하고, 백스윙* 때는 오른팔이 90°가 되어야 하고, 톱스윙*에서는 왼팔을 펴야 하고, 손목은 쟁반을 드는 모양처럼 해야 하고, 다운스윙*은 이렇게, 임팩트*는 또 이렇게, 체중 이동, 하체 턴 등등.

테이크백
스윙에서 클럽을 뒤로 30~40cm 정도 움직이는 동작.

백스윙
스윙에서 클럽을 올리는 동작.

톱스윙
스윙에서 백스윙의 정점이 되는 동작.

다운스윙
스윙에서 클럽을 볼을 향해 내리는 동작.

임팩트
스윙에서 클럽과 공이 충돌하는 동작.

25

이러한 오류는 보시다시피 스윙을 부분 부분 뜯어서 생각하게 되고, 지나치게 세심하게 만들어가는 불필요한 노력을 하게 됩니다. 한마디로 골프 스윙을 잘못 이해하게 되는 것입니다. 선생님이 하는 이야기라 조금도 의심하지 않고 따라합니다만 머리에 쥐가 날 지경입니다. 그 비싼 레슨비를 내고 가르침을 받은 것이니 안 할 수도 없는 노릇입니다. 이렇게 많은 동작을 하나하나 생각해서 하다 보면 애당초 되지도 않을 노력으로 결국 한계에 부딪치게 됩니다. 그리고는 엉뚱한 결론을 내리고 말죠. '나는 운동신경이 둔한가보다.' 혹은 '골프는 참 어려운 운동이구나.' 하고 말이죠. 저의 연습 방법이 바로 이런 방식이었고, 이렇게 연습해서 스윙이 완성되면 골프가 끝나는 줄 알았습니다.

그런데 이런 부류의 사람들은 누가 봐도 스윙이 이상합니다. 스윙이 물 흐르듯 되지 않을 뿐더러 리듬감도 없습니다. 어색한 모양에 내공이 없어 보입니다. 게다가 구질의 패턴이 없습니다. 어디로 튈지 아무도 모릅니다. 아마도 이런 사람들 때문에 필드에서 타구 사고가 나지 않을까 싶습니다. 그렇다면 어떻게 해야 할까요?

🚩 스윙은 최대한 단순하게 아무 생각 없이 달려야 한다

학교 운동장에서 축구를 할 때 물주전자로 라인을 그리는 모습을 한번 상상해보세요. 선을 예쁘게 똑바로 만들려면 어떻게 해야 할까요? 해본 사람들은 알겠지만, 반대쪽 목표를 쳐다보고 번개같이 달려가며 물을 뿌려야 합니다. 그런데 조금 모자란 사람은 그걸 똑바로 그려보겠다고 땅만 쳐다보고 갑니다. 눈앞에서 똑바르면 전체가 똑바를 것이라고 착각하는 것이죠. 그러나 뒤돌아서 삐뚤삐뚤한 선을 보면 깜짝

놀라고 맙니다. 스윙도 이렇게 하면 안 된다는 이야기입니다. 일필휘지(一筆揮之), 거리낌 없이 한방에 왔다 한방에 가야 합니다.

이번엔 아빠가 아들놈 종아리에 회초리질 하는 모습을 상상해보세요. 이놈이 오늘 담배를 피우다 걸려 아빠가 무지 화가 나 있습니다. 그래서 아빠는 아주 세게 열 대를 때리려고 작정합니다. 한 대, 두 대, 세 대……. 여기서 우리는 앞서 말씀드린 회초리질과 골프 스윙의 상관관계를 생각해볼 필요가 있습니다. 바로 히팅(Hitting)이라는 동작에서 나오는 공통적인 역학적 원리가 숨어있다는 것입니다.

회초리질을 구분동작으로 나누어 보면 다음과 같이 생각해볼 수 있습니다. ①종아리 부분 때릴 곳에 회초리를 넌지시 댄 다음(어드레스*) ②회초리를 뒤로 뺍니다(백스윙). ③어느 적정선의 높이까지 올린 후(톱스윙) ④종아리를 향해 방향전환(다운스윙)을 합니다. 그리고 ⑤마침내 회초리는 목표지점인 종아리에 안착이 됩니다(임팩트).

어드레스
스윙을 하기 직전 기본자세.

이러한 일련의 과정은 골프 스윙의 그것과 매우 흡사합니다. 그럼 여기에서 우리는 회초리질을 보다 정확하게 일관성 있게 하기 위해서 어떤 노력을 해야 할까요?

백스윙시의 궤도를 생각할까요?
아니면 탑에서 팔의 각도를
생각할까요?
또는 손목의 모양을 생각할까요?

아닙니다. 아무 생각도 하지 않는 것이 정답입니다. 그렇지 않나요? 회초리질

회초리질

할 때 무언가 기술적인 부분을 생각한다면 정신병자가 따로 없을 것입니다. 이와 같이 골프 스윙에서의 팔 동작은 회초리질의 동작과 비슷하게 이루어집니다. 그 어떤 계획된 동작을 해서도 안 되고 할 필요도 없습니다. 그야말로 단순하게 아무 생각 없이 해야 합니다. 이런 식으로 말이죠.

> 회초리질 할 때는 회초리를 든다. 친다.
> 골프공을 칠 때는 클럽을 뒤로 뺀다. 친다.

03 다운스윙은 레슨이 필요 없다

"다운스윙은 레슨이 필요 없다!"

　이 말은 앞서 언급했던 벤 호건의 말입니다. 왜 자꾸 듣지도 보지도 못한 벤 호건을 찾느냐고 하겠지만, 제 말이라고 하면 여러분들이 잘 믿지 않을 것 같아서 일단 유명한 사람의 말을 인용해봤습니다. 이 사람은 왜 이런 말을 했을까요? 한번 유추해보겠습니다. '다운스윙은 레슨이 필요가 없다'는 말은 특별한 학습이 없어도 잘할 수 있다는 뜻으로 보입니다. 저도 잘할 수 있고, 여러분도 잘할 수 있고, 누구든지 잘할 수 있다는 말이죠. 그럼 배우지 않고도 누구나 잘할 수 있는 것은 무엇이 있을까요?

　이제 갓 태어난 아기는 첫 생존의 위협에 맞서 나름의 노력을 시작합니다. 엄마 젖을 찾으려 애쓰는 모습, 살아보겠다고 힘차게 빨아대는 모습은 경이롭기까지 합니다. 그런 광경을 보고 있노라면 감동의 전율로 눈시울이 붉어집니다. 그렇게 아기는 무럭무럭 자라고 시간이 지날수록 신기한 일은 계속됩니다. 때가 되면 뒤집고, 배를 밀고, 기고, 서고, 걷고, 뛰고……. 아기들은 특별히 뭘 가르쳐 주지 않아도 스스로 해내는 동작들이 많습니다. 참 신기한 현상입니다. 생명의 위대함을 엿볼 수 있는 대목이기도 합니다. 자식을 키워 보신 분들이라면 '이 맛에 아기 키운다'라고 그러지 않나요?

특히 동물의 세계에서 선천적인 능력은 상상을 초월합니다. 예를 들어 위급함으로부터 도망치려는 도주본능, 종족 보존을 위한 성본능, 사회생활을 위한 군거본능, 새가 둥지를 만드는 조소본능, 꿀벌이나 비둘기가 먼 곳에서 집으로 돌아올 수 있는 귀소본능, 연어가 알을 낳기 위해 태어난 곳으로 돌아오는 회유본능 등이 그것이죠.

이 정도면 눈치 채셨겠지만, 저는 '본능'에 대해 이야기하려 합니다. 골프 스윙과 밀접한 관련이 있는 '친다', '던진다'라는 동작을 인간의 본능적인 동작으로 생각해보자는 것입니다. 그렇다면 왜 이것이 인간의 본능적인 동작이 될 수 있는지 궁리를 해보겠습니다.

▶ 골프는 학습이 아니라 본능이다!

인간을 포함한 모든 동물은 진화를 합니다. 다른 이론이 있기는 합니다만, 일단 진화론에 한 표 던지고 이야기를 해보겠습니다. 인간이 순수 자연 상태에서 사냥을 하고 살았을 때는 도구를 사용했습니다. 바로 돌멩이나 창 같은 것이었죠. 이런 것들을 던지는 행위가 꼭 사냥에서만 필요했던 것은 아니었습니다. 바로 부족 간의 다툼과 싸움, 나아가 전쟁에서의 주요한 무기가 되었습니다. 아마도 이 던지는 기술이 부족의 주요한 전투력이었을지도 모릅니다.

이러한 인간의 삶은 던지는 기술을 발달시키게 됩니다. 현존하는 육상경기에서의 각종 던지기 종목이 이것을 증명하고 있죠. 지금도 더 멀리 던지기 위해 각종 첨단 장비를 동원하여 연구를 합니다. 인간이 생존을 위해 수천수만 년 전부터 던지는 기술을 발달시켜왔다면 그것은 어쩌면 진화와 함께 본능이 되지 않았을까 생각해보자는 것입니다.

혹시 골프의 유래에 대해서 알고 계시나요? 그중에는 15세기경 스코틀랜드에서 시작됐다는 설이 있습니다. 푸른 들판에서 양을 치는 목동은 심심하고 무료한 하루하루를 보냅니다. 그러던 어느 날, 늘 가지고 다니던 지팡이로 돌멩이를 힘껏 후려칩니다. 그런데 이 돌멩이가 포물선을 그리며 날아가더니 웬일인지 토끼 굴로 들어가 버립니다. 흥미를 느낀 목동이 다시 한 번 시도해보지만 잘 되지 않습니다. 결국 수십 번의 시도 끝에 두 번째를 넣을 수 있었습니다. 이후에는 다른 목동들과 어울리며 놀이로 즐겼고, 이것이 오늘날 골프가 되었다는 이야기입니다.

여기서 목동이 처음에 힘껏 후려쳤을 때, 후려치는 동작을 배워서 했을까요? 그냥 할 수 있는 만큼 아무런 생각 없이 휘둘렀을 것입니다. 그런데 스윙은 어떻습니까? 그냥 아무 생각 없이 공을 쳐서 날리면 되는데 우리는 그 비싼 돈을 줘가며 어렵게 배우고 있습니다. 백스윙이 어쩌고저쩌고, 다운스윙이 어쩌고저쩌고. 그래서 저는 사람들을 가르칠 때면 이렇게 이야기하곤 합니다.

> "배워서 하는 동작이 아니라 본능적으로 할 수 있는 것! 그것을 하면 됩니다. 그저 그냥 헤드를 휘두르면 됩니다."

1장 | 생각이 바뀌어야 스윙이 바뀐다

04

고스톱에도 스윙의 원리가 있다

앞에서 스윙을 배우지 않고 잘할 수 있는 방법을 '본능'에서 찾아봤지만 사실 이것은 '잠재능력'이라고도 할 수 있습니다. 누구든지 잘해낼 수 있는 일이지만 아직은 개발이 안 되었기 때문입니다. 따라서 훌륭한 골프 선생은 피교육자에게 생소한 동작을 주입하기보다는 본능을 끌어내주고 내재된 능력을 개발하는 것에 주력합니다. 입장 바꿔 생각해보자면 골프를 배우는 사람은 지시에 의한 습득보다 이해에 의한 감동과 영감이 필요하다는 이야기입니다. 다음에 열거한 예로 그 감을 잡아보시기 바랍니다.

▶ 고스톱의 동작이 스윙의 기본이다

골프 스윙에 적용되는 던지기 동작은 '하체-몸통-어깨-팔꿈치-손목'으로 이어지는 순차적이고 연쇄적인 동작으로 이루어집니다. 이 과정에서는 인체 관절의 기본원리인 지렛대가 적용되고 도리깨질(채찍질) 원리로 스피드를 증폭시키게 됩니다. 이 동작을 운동역학적 이론으로 설명하자면 한없이 복잡하겠지만, 우리 일상생활에서 자신도 모르게 하고 있다는 사실을 미처 인식하지 못하고 있습니다.

던지기 동작의 운동역학적 메커니즘은 꼭 무언가를 손에 쥐고 던져야지만 그 이론이 적용되는 것은 아닙니다. 주부님들의 빨래 털기 동작, 총채질 하는 동작, 회초리질 하는 동작, 파리채로 파리 잡는 동작, 아이들이 딱지치기 하는 동작, 팽이치기 하는 동작, 고스톱을 칠 때의 화투장 내려치는 동작 등등. 이러한 동작들이 바로 던지기 기술과 같은 원리로 이루어지는 유형들입니다.

고스톱에서의 동작은 참 재미있습니다. 온 민족의 명절 스포츠여서 그런지 이것으로 설명하면 동작에 대한 이해가 아주 빠릅니다. 중앙에 쌓아 놓은 것을 뭐라 그러는지 모릅니다만, 우리는 한 번 칠 때마다 의무적으로 한 장씩 뒤집습니다. 광이나 쌍피 같은 것을 간절히 고대하고 말이죠. 만약 기대하고 생각했던 화투장이 나온다면 우리는 '아싸!'를 외치며 힘주어 때립니다. '쫙' 소리 나는 이 경쾌한 소리를 마치 중독된 것처럼 즐기기도 합니다.

이 맛깔나는 소리가 잘 나면 날수록 던지는 기술이 아주 좋은 사람입니다. 바로 팔꿈치에서 손으로 연결되는 연쇄동작을 감각적으로 잘하는 것이죠. 이 동작을 할 때 팔꿈치의 동작을 유심히 살펴보세요. 팔꿈치가 먼저 올라가고 또 먼저 내려옵니다. 이때 손은 연쇄적으로 항상 뒤따라오게 됩니다. 이것이 바로 스피드를 증폭시키는 도리깨질(채찍질)의 원리입니다. 여기저기서 고스톱 한판 벌릴 태세인 것 같네요. 좋습니다. 지금 한번 해보시죠.

고스톱의 스윙 원리

이렇게 팔꿈치와 손의 연쇄 반응적 관계는 스피드를 내기 위한 필수적인 움직임입니다. 여기서 우리가 그 주요한 움직임을 역학적으로 공부할 필요는 없습니다. 하지만 팔꿈치의 선행동작에 주목해 살펴본다면 그 원리를 어렵지 않게 이해할 수 있고, 또한 반복적으로 실행해낼 수 있을 것입니다. 여기서 놓치지 말아야 할 점은 '스윙의 원리'란 무심코 행해지는 일상동작에서 얼마든지 찾을 수 있다는 사실입니다. 다시 말해 골프 스윙을 평상시에 무심코 하는 동작처럼 해낼 수 있다면 골프만큼 쉬운 운동이 없다는 이야기입니다.

스포츠 현장 곳곳에도 스윙 원리가 있다

스윙의 원리는 일상생활의 움직임뿐만 아니라 스포츠 현장에서도 찾을 수 있습니다. 히팅(Hitting)의 개념 즉, '치기', '때리기', '차기' 등과 같은 동작이 포함된 종목에서 모두 비슷한 방식으로 이루어지는 움직임을 살펴볼 수 있습니다. 가령 육상의 창던지기, 야구공 던지기, 야구방망이를 휘두르는 동작, 배구의 서브와 스파이크, 테니스의 서브, 배드민턴의 스매싱, 축구의 킥, 태권도의 발차기 등이 그것입니다.

그 중에서 배드민턴의 스매싱 동작, 이것이 예술입니다. 배드민턴 선수의 스매싱 동작을 유심히 한번 살펴보세요. 탑에서 다운스윙으로 전환되는 부분에서는 라켓이 머리를 한 바퀴 휙 돌고 나옵니다. 완전히 스피드를 내기 위한 감각적인 동작입니다. 골프 스윙에서의 다운스윙 시 클럽헤드가 안쪽 궤도로 들어와야 하는 동작과 일치하는 것이죠. 어떤 프로들은 다운스윙할 때 오른 팔꿈치를 옆구리에 갖다 붙이는 느낌으로 설명하기도 합니다. 앞서 고스톱 동작에서 설명했듯이 팔꿈치의 역할에서 오는 역학적 효과를 얻기 위함입니다. 그러나 여기서 붙이는 것만 강조하게 되면 팔꿈치에서 손으로 연결되는 연쇄 반응적 동작을 자연스럽게 이뤄낼 수 없습니다. 즉 이것은 임팩트의 타이밍이 적절하게 이루어지지 않을 수 있음을 뜻합니다. 따라서 감각적으로 한 동작에서 이루어질 수 있도록 하는 것이 가장 이상적인 방법입니다.

그림에서 보는 바와 같이 배구의 스파이크 동작과 야구의 투구 동작도 비슷한 모양을 하고 있습니다. 이 역시 고스톱으로 설명한 그 동작과 유사한 것입니다. 역학적 원리에 있어서 똑같다고 할 수 있죠. 축구의 킥에서 볼 수 있는 다리의 움직임 역시 던지기의 동작과 똑같은 메커니즘으로 이해할 수 있습니다. 이때는 팔꿈치 대신 무릎이 그 역할을 하게 되겠죠?

스포츠 속의 스윙 원리

물수제비뜨기

다들 강가나 호숫가에서 일명 '물수제비뜨기'를 많이 해보았을 것입니다. 돌멩이를 수면 위로 던져 누가 더 많이 튕기는가 하는 놀이죠. 우리는 더욱 많이 튕기기 위해 동그랗고 납작한 돌멩이를 집어듭니다. 그리고 최대한 수면과 평행하게 던지기 위해 노력하죠. 이렇게 하기 위해서는 되도록 낮은 지점에서 돌을 던져야 합니다. 이 동작은 어깨 밑에서 동작을 한다고 해서 언더스로우(Under throw)라고 합니다.

야구선수 김병현의 투구 스타일이기도 합니다. 어깨 위에서 던지는 오버스로우(Over throw)와 상반된 스타일이죠.

이러한 '물수제비뜨기' 동작에서는 상체까지 같이 기울어지면서 팔동작이 이루어집니다. 책을 덮고 한번 따라해보시는 게 어떨까요? 한번 해보았다면 이번엔 상체를 기울이지 않고 즉, 머리의 높낮이를 그대로 유지한 상태에서 팔 동작만 해보세요. 이것이 바로 골프 스윙에서의 오른팔 동작과 가장 비슷한 동작을 연출해낼 수 있는 방법입니다.

움직이는 공과
움직이지 않는 공

골프가 어려운 운동으로 느껴질 수 있는 이유 중 하나는 감쪽같이 빠질 수밖에 없는 함정이 있기 때문입니다. 여기에 빠진다면 아무리 연습을 열심히 한다 해도 '밑 빠진 독에 물 붓기'가 됩니다. 더 큰 문제는 아무리 허우적대고 있더라도 그것이 함정이라는 사실을 좀처럼 깨닫지 못한다는 점입니다. 이 책이 바라는 것은 그러한 함정에 빠지지 않는 것이고, 혹시라도 이미 빠져있다면 헤어나올 수 있도록 도와주는 길잡이의 역할입니다. 이렇게 자신도 모르게 함정에 빠질 수밖에 없는 이유를 생각해보면 그것은 골프만이 가지고 있는 특별한 속성에서 비롯됩니다. 다음의 이야기도 그 중 하나가 될 것입니다.

한번 생각해보죠. 축구, 야구, 농구, 배구, 수구, 핸드볼, 테니스, 탁구, 배드민턴은 어떤 공통점이 있을까요? 크기와 모양은 다르지만 모두 공을 가지고 노는 종목들입니다. 골프도 이들 종목과 같은 공통점이 있지만 오직 골프만이 가지고 있는 다른 점도 있습니다. 이것이 골프만의 특별한 속성이라면 속성입니다. 과연 그것이 무엇일까요? 뭐 찾아본다면 여러 가지가 있겠습니다만, 여기서 이야기하고 싶은 것은 바로 '움직이는 공'과 '움직이지 않는 공'에 있습니다. 그렇다면 이것이 어떻게 다른지 한번 살펴보도록 하겠습니다.

먼저, 테니스를 예로 들어 '움직이는 공'에 대해 생각해보겠습니다. 일단 게임에 들어서면 주거니 받거니 쉴 새 없이 공이 움직입니다. 공을 따라 사람도 바쁘게 움직이죠. 서브를 할 때도 그렇고 정말 정지된 동작이 없습니다.

테니스라는 스포츠도 게임에 앞서 선생님에게 포핸드니 백핸드니 스트로크(Stroke)에 대한 방법을 배웁니다. 하지만 막상 게임에 들어서면 스트로크에 대한 기술적인 생각을 할 겨를이 없습니다. 공 따라다니기도 바빠 죽겠는데 라켓을 잡는 그립을 점검할 리 만무합니다. 백스윙이 잘 가는지 또한 생각할 수가 없습니다. 오로지 쫓아가서 때리는 것에만 집중하게 됩니다. 이처럼 라켓을 다루는 동작은 반사적이고 감각적으로 이루어질 뿐입니다.

여기서 주목해야 할 것은 날아오는 공을 보다 잘 치기 위해 한가롭게 혹은 자상하게 생각할 시간은 결코 주어지지 않는다는 점입니다. 골프 스윙을 할 때처럼 복잡한 생각을 하고 싶어도 할 수 없다는 이야기입니다. 이와 같이 '움직이는 공'을 다루는 종목에서는 쉴 새 없이 움직이는 공에 얼마나 적절한 타이밍에 접근하느냐가 관건입니다.

그렇다면 골프는 어떻습니까? 골프는 참 친절하게도 정지되어 있는 볼을 치는 놀이입니다. 탁구나 테니스처럼 '움직이는 공'을 쉴 새 없이 쫓아다니지 않아도 되니 얼마나 자상한 스포츠인가요? 게다가 한 번 칠 때마다 리허설 같은 연습을 해도 됩니다. 또한 '어떻게 칠 것인가?'에 대해 생각할 시간도 주어집니다. 이렇게 친절할 수가 없는 스포츠인데 바로 여기에 감쪽같은 함정이 숨어있습니다. 쉽게 알기 위해 여기 옆집에 사는 김 사장님이 티샷*하는 모습을 살펴보겠습니다.

티샷
매 홀마다 첫 번째로 치는 샷(티에 올려놓고 친다는 의미).

티에 공을 올려놓습니다. 가만히 놓여 있는 볼을 바라보고 있노라면 연습장에서 죽어라 연습하던 기억이 떠오릅니다. 그리고 어드레스부터 어떻게 할 것인지 순차적으로 정리하기 시작합니다. 백스윙은 몇 시 방향, 탑은 어떻게, 다운스윙은 어떻게……. 이렇게 생각을 정리하고 혹시 빠진 것은 없는지 다시 한 번 체크를 합니다. 그리고 빈 스윙 한 번, 불안한 마음에 또 한 번 하고 실전에 들어가죠. 그런데 막상 공 뒤에 클럽을 갖다 대면 생각한 것은 어디로 갔는지 머리가 하얗게 됩니다. 공이 잘 나갈 리 만무합니다.

김 사장님은 테니스나 배드민턴 같이 헐레벌떡 뛰어다녀야 하는 운동을 무척이나 싫어합니다. 그러나 골프는 앞서 '움직이는 공'에서 언급한 종목들과는 대조적으로 가만히 놓여 있는 공을 때리는 운동입니다. 김 사장님에게는 얼마나 다행스럽고 반가운 일인지 모릅니다. 하지만 이는 잘못된 생각입니다. <mark>골프공은 움직이지 않고 가만히 있지만, 마치 테니스공처럼 '움직이는 공'으로 여기고 반사적인 동작으로 접근해야 합니다.</mark> 앞서도 입이 닳도록 강조한 부분이지만 동작에 대한 많은 생각을 하지 않도록 시간에 함정에 빠지지 않아야 합니다.

한국여자프로골프협회(KLPGA) 소속 김혜윤 프로의 독특한 티샷을 혹시 보셨는지 모르겠습니다. 기존의 고정관념을 깨고 스텝을 밟으면서 티샷을 합니다. 저는 이 동작이 바로 반사적 동작을 하기 위한 자신만의 특별한 노력으로 보입니다. 이렇게 남들이 비웃을지도 모르는 부담을 안고 아무도 시도하지 않는 동작을 하는 데는 큰 용기가 필요합니다. 그 용기가 바로 동작에 대한 믿음이 아닐까 합니다. 이 선수가 성적도 잘 내고 우승까지 일궈냈으니 제가 자신 있게 말씀 드릴 수 있겠네요.

또 외국의 프로선수들 중에는 백스윙 시 힐업(Hill up)을 하여 스윙을 하는 모습을 종종 볼 수 있습니다. 왼발을 들었다 다시 놓는 타이밍에 맞추어 스윙을 하게 되죠. 마치 야구에서 타자의 스윙처럼 말입니다. 모두 최상의 타이밍을 찾기 위한 예비동작입니다. 중요한 점은 동작이야 어떻게 되든 휘두르는 타이밍에 집중하고, 휘두를 때 일어나는 몸의 반사적인 움직임을 믿는 것입니다. 이러한 믿음에서 내 몸은 순차적으로 연쇄반응을 일으키게 됩니다. 우리가 만들고자 하는 이상적인 멋진 스윙이 나오게 되는 것이죠.

결론적으로 말씀드리자면 시간 끌면서 복잡하게 생각하지 말고 단순하게 치자는 것입니다. 시간 끌어봤자 생각만 많아지고 끌면 끌수록 본능의 감은 멀어집니다. 가능하면 공을 치기 위한 준비 동작은 길지 않게, 빈 스윙은 한 번 정도 가볍게 하는 것이 좋습니다. 혹시라도 주변에서 '인터벌*이 길다'는 소리를 듣는 사람은 필시 이러한 '시간의 함정'에 빠져 있을 가능성이 높습니다. 혹시라도 여러분이 이 함정에 빠져있지는 않은지 골프 친구에게 물어보세요.

인터벌
시간의 간격으로 골프에서는 공을 치기 위한 준비시간으로 통용.

"어이, 친구! 내가 칠 때 인터벌이 좀 긴가?"

스윙과 리듬

골프 스윙을 설명하는 요소 중에는 리듬(Rhythm)과 템포(Tempo)가 있습니다. 리듬이란 '일정한 규칙에 따라 반복되는 움직임'을 이르는 말이고, 템포는 '속도'를 말합니다. 스윙에서 속도는 리듬 안에 포함되는 요소이므로 이 장에서는 리듬과 스윙의 관련성만 따져보도록 하겠습니다.

스윙에서 '리듬감이 있어야 한다'는 말은 반복되는 움직임에 일관성이 있어야 한다는 의미입니다. 그래서 좋은 스윙의 3대 조건을 따지자면 비거리, 정확성에 일관성을 포함시켜야만 합니다. 아무리 좋은 샷이라 할지라도 꾸준하게 실현해낼 수 없다면 좋은 샷이라 말하기 어렵기 때문입니다. 이렇게 리듬이라는 것은 스윙의 일관성과 연결지을 수 있는데 그 이유는 바로 '자연스러움'에 있습니다. 이 '자연스럽다'는 말의 사전적 의미를 살펴보자면 다음과 같습니다.

> **자연스럽다** … (형용사)
> 1. 억지로 꾸미지 아니하여 이상함이 없다.
> 2. 순리에 맞고 당연하다.
> 3. 힘들이거나 애쓰지 아니하고 저절로 된 듯하다.
>
> 출처 | Naver 국어사전

'자연스럽다'는 의미를 '리듬'으로 확대해석할 수 있는 이유는 우주를 포함한 모든 자연현상에서 그러한 리듬을 찾아볼 수 있기 때문입니다. 지구의 자전과 공전도 리듬이고 변화하는 달의 모양, 밀물과 썰물, 계절 변화, 밤낮이 바뀌는 것도 모두 리듬입니다. 이것뿐만 아니라 생체리듬(바이오리듬), 심장박동, 호흡 등 생명활동에 필요한 기능에도 리듬이 있습니다. 비행기로 장시간 이동할 때 시차적응이 필요한 이유가 이러한 리듬이 깨지기 때문입니다.

이와 같이 '리듬'이라는 것은 곧 '자연스럽다'는 것이고, '자연스럽다'는 것은 '리듬'이 있는 것입니다. 그래서 스윙을 리듬 있게 하자는 말은 사전적 의미에서 살펴본 바와 같이 '저절로 되게 하자', '억지로 하지 말자', '순리대로 하자', '힘들이지 말자'와 같은 의미로 생각해볼 수 있습니다. 그렇다면 이러한 의미가 스윙에서 어떻게 적용이 되는지 알아보겠습니다.

🚩 진자운동이 스윙의 리듬이다

자연의 법칙으로 가장 리드미컬한 움직임은 아마도 진자운동일 것입니다. 놀이터에서의 그네, 시계추의 움직임으로 대표되는 이 진자운동은 골프 스윙의 리듬을 잘 설명해줄 수 있는 현상입니다. 시계추의 진자운동에서는 추의 속력이 항상 일정하지 않다는 것이 골프 스윙의 리듬과 흡사합니다. 그것은 그림에서 보는 바와 같이 추가 가운데(최하지점)로 갈수록 빨라지고 양쪽 끝(최고지점)으로 갈수록 느려지는 것을 의미합니다.

진자운동을 적용한 골프 스윙의 템포를 설명하자면 어드레스에서 헤드가 뒤로 갈 때는 약간 빠른 느낌에서 출발하고, 탑(Top) 부근에서는 천천히 이루어져야 합니다. 다시 다운스윙으로 전환할 때는 천천히 움직이는 듯하다가 빠른 속력으로 임팩트를 맞이해야 합니다. 그리고는 부드럽게 피니시로 넘어가는 것입니다. 골프 선생들이 주문하는 '하나~둘~셋!' 리듬이 이러한 속도를 조절하기 위함인데 즉 하나에 들고, 둘에 쉬고, 셋에 내려치는 템포를 말합니다.

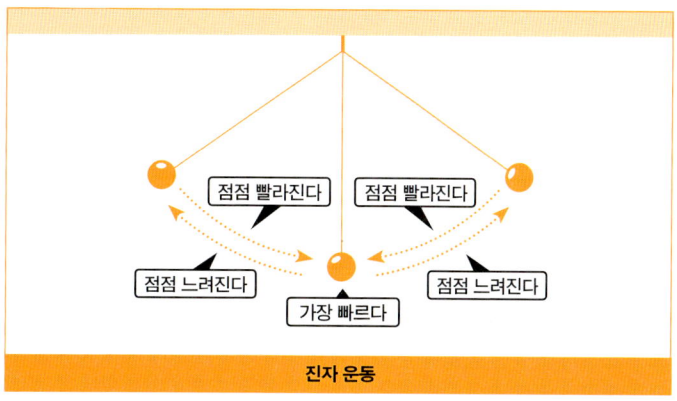

특히 골프를 막 배우기 시작한 분들은 바로 이러한 리듬감을 끌어내려는 노력을 해야 합니다. 그러나 정작 백스윙할 때 보면 클럽이 어느 방향으로 가야한다, 팔의 모양을 어떻게 만들어야 한다, 다운스윙은 또 이래야 한다 등등 단편적인 동작을 만드는 데 급급합니다. 아무리 좋은 폼이라 해도 리듬감을 살리지 못한다면 스윙에서 가장 중요한 요소를 잃고 마는 것입니다.

🚩 힘이 빠져야 리듬이 생긴다

테니스공을 1m 이내에서 벽에 던져보세요. 그리고 튀어 나오는 공을 잡아 다시 던집니다. 이 동작을 반복할 때 대부분은 '동작을 어떻게 해야지!'라는 계획을 하지 않고, 받고 던지는 동작에만 집중할 것입니다.

> 그냥 무심코 던지고 받고,
> 던지고 받고, 던지고 받고…….

그야말로 무의식적인 동작으로 자연스럽게 특정한 리듬감에 따라 반응합니다. 이 리듬감에서는 힘이 들어갈 수 없습니다. 여기서 중요한 사실은 자신도 모르게 같은 동작을 계속해서 할 수 있게 된다는 점입니다. 일관성이 생기는 것이죠. 반대로 힘이 들어가도록 로봇처럼 딱딱 끊어서 한 번 해보세요. 손목과 팔꿈치 그리고 어깨관절의 유기적 동작이 나오지 않아 도저히 오래 할 수 없을 것입니다.

이러한 원리를 골프 스윙에 그대로 적용합니다. 클럽을 손에 쥐고 왔다갔다 반복적으로 빈 스윙을 해봅니다. 허리춤 정도의 크기에서 적당한 리듬감이 나올 때까지 말이죠. 당연히 힘이 들어가면 안 되겠죠? 리듬감이라는 것은 힘이 들어가면 절대 나올 수 없는 움직임입니다. 만약 힘이 들어간다면 절도 있는 동작처럼 딱딱하게 될 것이고, 자연스러움이라곤 찾아볼 수 없을 것입니다.

🚩 '걷기'에도 리듬이 있다

걷는 동작에도 역시 리듬을 포함한 골프 스윙의 메커니즘이 숨어 있습니다. 우리는 아기 때부터 걸음걸이에 대한 이론적인 설명을 듣지 않고도 잘 걸어 다닙니다. 사람의 '걷기' 동작은 골프채의 헤드 무게를 느껴야 하듯이, 바로 발의 무게감을 이용한 역학적 현상이 숨어 있습니다. 이것 역시 진자운동으로 설명할 수 있는 리듬감입니다. 그리고 항상 일관성 있는 동작이 나올 수 있는 것도 바로 이러한 리듬감 때문입니다. 만약 리듬감 없이 오로지 근육의 움직임으로만 이루어진다면 마치 로봇이 걷는 것처럼 둔하고 딱딱한 동작이 나올 것입니다.

이렇게 '걷기' 동작에서 스윙의 원리를 찾아본다면 역학적뿐만 아니라 심리적 측면에서도 생각해볼 수 있습니다. 그것은 역학적 메커니즘을 결코 머리로 생각하지 않고 걷는 데 있습니다. 가령 '발을 내딛을 때는 무릎이 먼저 나와야 하고, 이때 무릎의 각도는 몇 도, 고관절의 각도는 몇 도'와 같은 것들을 생각하지 않는 것이죠. 이와 같은 걷기 동작에는 진자운동뿐만 아니라 지렛대, 작용·반작용, 회전운동, 무게중심 등 여러 가지 역학적 원리가 적용됩니다. 하지만 우리는 더욱 잘 걷기 위해 굳이 자연스러움을 어기고 복잡한 원리를 생각하지는 않습니다. 그것은 바로 배우지 않고 할 수 있는 본능의 동작이기 때문입니다.

==리듬은 그야말로 물 흐르듯 이루어져야 합니다. 왜냐하면 스윙에서 리듬이라는 것은 내 몸의 근육에서 나오는 힘으로 이루어지는 것이 아니라 되도록 자연의 법칙에 의해서 이루어져야 하기 때문입니다. 그런데 우리가 항상 만들고자 애쓰는 테이크어웨이, 탑스윙, 다운스윙, 임팩트 등 스윙을 국면별로 동작을 구분해서 생각한다면 이미 리듬은 깨진 것과 다름없습니다.==

이러한 오류가 나타나는 대표적인 현상 중에 하나가 콕킹

콕킹
백스윙 시 손목을 꺾는 동작.

(Cocking)*입니다. 우리는 콕킹이라는 동작을 백스윙 시에 이뤄내야 할 하나의 동작이라고 생각하고 그것을 백스윙의 어느 한 시점에서 해내려듭니다. 문제는 여기서 발생합니다. 이러한 동작은 스윙을 2단으로 나누게 되고, 진자운동의 흐름을 방해하는 중대한 오류를 범하게 됩니다. 시계추 진자운동의 움직임을 머릿속에 그려본다면 어느 한 지점에서 특정 동작을 만들려고 하는 시도는 자연의 법칙을 어기려드는 행위임을 느낄 수 있을 것입니다. 한 마디로 자연스럽지 못한 것이죠.

이와 같이 골프 스윙을 세부적으로 구분 짓는 것은 마치 걸음걸이를 세세히 뜯어서 배우는 것과 마찬가지입니다. 앞서 예시한 걷기, 회초리질, 고스톱치기, 빨래 털기 같은 동작에서는 계획된 동작을 할 필요도 없고 할 수도 없습니다. 우리는 그 사실을 미처 깨닫지 못하고 돈을 내가며 잘못 배우고 있습니다. 이것이 스윙의 핵심이고 본질입니다.

1장 | 생각이 바뀌어야 스윙이 바뀐다

07

올바르게
힘쓰는
법

구력이 조금 있는 사람 중에는 골프 연습을 좀 남다르게 했다고 은근히 자랑스럽게 이야기하는 경우가 있습니다. 마치 훈장이라도 받은 것처럼 '갈비뼈가 몇 개 나갔네', '손에 굳은살이 얼마큼 있네.' 하고 말이죠. 그리고는 하루에 공을 1,000개씩 쳤다는 둥, 허구한 날 침 맞아가면서 연습했다는 둥. 마치 역전의 용사라도 된 듯 혹독하게 연습했던 지난날의 기억을 영웅담처럼 늘어놓습니다. 심한 경우 이제 갓 골프를 시작한 사람들에게 "갈비뼈가 세 대는 부러져야 싱글*에 오를 수 있다"라고 한심한 조언을 해주기도 합니다.

이런 사람들은 잘못된 스윙인 줄도 모르고 오로지 패고 또 팹니다. 이들의 스윙 논리는 오로지 힘입니다. 힘을 세게 주면 줄수록 비거리가 더 많이 나간다고 생각하는 것이죠. 동반자의 공보다 뒤처지기라도 한다면 '아직 내가 힘을 덜 주었나보다.' 하고 더욱 세게 치려 합니다. 이렇게 힘으로 골프를 해결하려는 사람들은 골프 스윙에서 힘의 원리를 제대로 이해하지 못한 사람들입니다.

'최소비용, 최대효과'라는 경제원칙은 '최소의 힘, 최대의 비거리'라는 골프 스윙의 효율성으로 생각해볼 수 있습니다. 즉 같은 힘

싱글
오버파 자릿수가 한 자릿수를 의미. +9(81타)까지를 의미하는데 아마추어 사이에는 79타까지 싱글로 쳐준다. 정확한 용어는 싱글 핸디캐퍼.

에서 최대의 비거리를 낼 수 있는 스윙이 좋은 스윙이라는 이야기입니다. 이렇게 힘의 효율을 높이기 위해서는 비거리를 결정짓는 스윙의 조건을 이해해야 합니다. 그것은 '헤드의 스피드(Head speed)'와 공에 접근하는 '헤드의 각도(Angle of approach)' 그리고 '헤드면의 타구점(Sweet spot)'에 있습니다. 이 조건들이 모두 충족되었을 때 최대의 비거리를 낼 수 있는 것입니다.

사실 세 가지 조건 중 비거리에 가장 크게 영향을 미치는 것은 헤드 스피드입니다. 오로지 힘으로 비거리를 내고자 하는 사람들이 이 헤드 스피드에 목을 매게 되는데, 문제는 힘을 많이 주면 줄수록 스피드가 빨라질 것이라 기대하는 사람입니다. 다른 두 가지 조건이 모두 충족될 때 최대의 비거리가 난다는 사실을 모른 채 말이죠. 여기서 제가 주목하고자 하는 부분은 스피드를 내기 위해 '힘을 어떻게 써야 하느냐?' 하는 방법론에 있습니다. 힘을 쓰더라도 어떤 방법이 올바른 방법인지 고민해보자는 것이죠. 올바른 방법이어야 효율성 있는 스윙이 될 뿐만 아니라 앞서 강조한 리듬 있는 스윙을 발현시킬 수 있는 길이기도 합니다.

생리학적 측면에서 사람의 힘 생성 원리를 살펴보면 힘은 근육의 수축으로 설명할 수 있습니다. 팔을 구부리고 펴는 동작에도 이와 같은 근 수축이 일어납니다. 팔꿈치 위쪽에 붙어 있는 근육은 크게 상완이두근과 상완삼두근으로 이루어져 있습니다. 상완이두근은 흔히 이야기하는 알통입니다. 상완삼두근은 알통과 반대로 바깥쪽에 있는 근육을 말합니다. 여기서 팔을 구부리는 동작은 상완이두근의 수축이고 팔을 펴는 동작은 상완삼두근의 수축으로 이루어집니다. 물론 길항작용에 의하여 어느 한쪽만 쓰인다고 이야기할 수는 없습니다. 그러나 주동근 위주로 설명을 해본다면 우리가 보통 물건을 들어 올리는 동작에서는 상완이두근의 수축이 주요한 근육 쓰임이라고 볼 수 있습니다. 이때는 근육의 길이가 짧아지면서 수축된다고 해서 '단축성(Concentric) 수축'이라고도 합니다.

이러한 근 수축형태를 골프 스윙에 적용시켜본다면, 골프 스윙의 기본 원리인 던지기 동작은 상완삼두근의 수축과 상완이두근의 이완으로 이루어짐을 알 수 있습니다. 이 던지기 동작 역시 하체에서부터 상체-어깨-팔-손에 이르는 협응동작에 의해서 이루어진다는 설명이 마땅합니다만 여기서는 이해를 돕기 위해 팔 동작만 떼어서 이야기를 하겠습니다.

스윙 연습을 함에 있어서 반드시 이해해야 할 것은 바로 클럽헤드의 최고 스피드를 내는 결정적인 순간에는 팔을 펴는

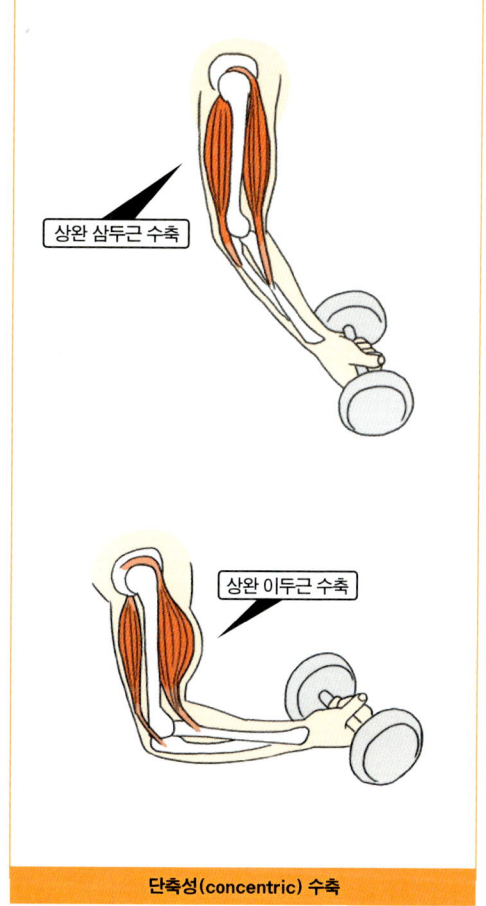

단축성(concentric) 수축

형태여야 한다는 점입니다. 여기서 팔을 펴는 형태는 우리가 흔히 이야기하는 '잡아당긴다'의 상반된 표현으로써 '밀어낸다', '뿌린다', '떨군다', '던진다', '뺀는다' 등 이완된 형태의 동작을 의미합니다. 그러나 이 중요한 순간에 상완이두근의 단축성 형태로 힘을 쓴다면 앞서 언급한 힘의 원칙에 반하는 것으로 '최대의 힘으로 최소의 효과(비거리)'를 내고 마는 것입니다. 스윙을 힘으로 해결하려 할 때 바로 이런 형태의 동작이 될 가능성이 높습니다. 이런 형태로 무리해서 연

습을 하다 보면 바로 갈비뼈가 부러지는 이야기의 주인공이 되는 것입니다.

🚩 잡아당기는 심리(상완이두근을 쓰는 심리)

골프를 한 번도 안 해본 사람에게 클럽 하나를 주고 공을 쳐보라고 하면 열이면 열 모두 잡아당기는 형태의 스윙을 보여줍니다. 골프를 처음 하는 사람뿐만 아니라 구력이 있는 사람에게도 이러한 현상은 쉽게 볼 수 있습니다. 그 이유가 궁금해집니다. 결론을 내려 보자면 그것은 세 가지로 나누어 생각해볼 수 있습니다. ①공을 띄우려는 마음 ②폼생폼사의 마음 ③불안에 대처하는 방어본능 등 이렇게 자신도 모르게 작용하는 무의식의 심리가 있기 때문에 잡아당기는 형태가 되는 것입니다.

    첫 번째로 공을 띄우려는 심리는 클럽헤드의 구조와 기능을 이해하지 못하는 데 있습니다. 골프를 처음 접한 사람들은 클럽헤드의 생김새에 익숙지 않습니다. 이 생소한 장비가 공을 높게 띄워줄 것이라는 온전한 믿음이 마음속에 자리 잡지 않은 것이죠. 그래서 열심히 공을 띄우려고 애를 씁니다. 그것이 손이든 팔이든 몸이든 말입니다. 눈살 찌푸려지는 김 사장님의 스윙폼이 번뜩 떠오르네요. 참고로 공을 잘 띄우기 위해서는 클럽을 퍼 올리듯 당기는 것이 아니고 반대로 내린다는 생각을 가질 때 더욱 잘 뜹니다. 바로 '로프트*'라는 헤드의 각도에 따라 공의 탄도가 결정이 되기 때문입니다.

    두 번째는 '피니시' 동작을 만들고 싶은 개폼 잡는 심리입니다. 어디서 본 건 있어서 발은 한 쪽을 꼭 세우고 클럽은 일단 넘기려듭니다. 골프 스윙의 대표 이미지가 '피니시'라는 자세로 각인되었기 때

로프트
지면과 클럽페이스가 이루는 각. 로프트가 크면 공이 더 높이 뜬다.

문입니다. 공이야 어떻게 맞든 폼이라도 잡으려는 무의식의 행위라고 나 할까요? 스윙의 원리를 모르니 클럽을 들어 올리는 데 집중할 수 밖에 없습니다. 이 역시 잡아당기는 형태의 동작이 나오게 되는 이유입니다.

세 번째는 불안에 대처하는 우리 몸의 방어본능에 기인합니다. 우리 몸은 외부로부터 위협을 감지하면 불안, 두려움과 같은 형태로 정서적 반응을 일으킵니다. 이러한 반응은 교감신경을 활성화시켜 동공을 확대시키고 심장박동을 증가시키고 호흡을 빨라지게 합니다. 불안과 공포를 유발하는 대상에 대응하고 공격할 준비를 하는 것이죠. 때로는 급작스런 위협에 대비해야만 할 때도 있습니다. 누가 뒤통수라도 한 대 칠 태세를 느낀다면 순간적으로 어떤 동작이 나오는지 우리는 경험을 통해 알고 있습니다. 근육의 긴장과 수축 역시 위협에 맞서는 우리 몸의 방어 시스템인 것입니다. 골프를 치는 상황에서도 불안이 생기면 이러한 방어 시스템이 발동됩니다. 가령 개미허리 같은 페어웨이에서는 대부분 자신 있게 휘두르지 못합니다. OB*가 두려워지면 OB가 더 쉽게 나고, 물에 빠질까봐 걱정되면 알아서 기어들어 갑니다. 참 희한하죠?

OB(Out of Bound)
설정된 플레이 구역 밖으로 나가는 것. 1벌타가 부과되고 제자리에서 다시 쳐야 한다.

이 모두가 무의식적으로 발동되는 심리이기 때문에 자신도 이렇게 하고 있다는 것을 잘 모릅니다. 골프 선생들이 팔을 자꾸 펴라고 하는 이유가 이렇게 잡아당기는 동작이 나오지 않도록 하기 위해서입니다. 잡아당기는 스윙의 특징은 힘은 힘대로 들어가지만 거리는 나가지 않는 것입니다. 다시 말해 헤드 스피드가 빨라지는 것이 아니고 팔의 동작이 빨라지는 것입니다. 이것은 정상적인 궤도에서의 이탈을 초래하고 임팩트 구간을 짧게 만들기도 합니다. 그리하여 심한

슬라이스
공이 오른쪽으로 많이 휘는 구질.

<mark>Out-in 궤도를 형성하게 되고 공의 구질을 심하게 변화시킵니다.</mark> 이것이 바로 초보 골퍼들의 공공의 적인 '왕슬라이스*'가 발생하는 이유입니다.

골퍼들 사이에는 '힘 빼는 데 3년 걸린다'는 말이 있습니다. 제가 유추하는 이 말은 ①골프는 힘을 빼는 것이 중요하다. ②비거리는 힘으로 만드는 것이 아니다. ③잡아당기는 형태의 스윙 패턴에서 좀처럼 벗어나기 힘들다는 의미를 함축하고 있습니다. 사실 3년이 더 걸릴 수도 있고 영원히 못 고칠 수도 있습니다. 그 이유는 힘을 쓰는 형태(잡아당기는 동작과 펴는 동작)가 정반대이다 보니 공도 잘 안 맞는 어색한 동작을 애써 찾아가지 않으려는 골퍼의 습성 때문입니다.

여러분도 어떤 형태로 힘을 쓰는지 점검을 해보시기 바랍니다. 임팩트 시 양팔이 구부러져 있다거나 임팩트 후 왼팔이 소위 닭 날개처럼 접혀져 있다면 필시 잡아당기는 형태의 스윙이 틀림없습니다. 진짜 갈비뼈가 부러질 수도 있으니 조심하시기 바랍니다.

왜
빈 스윙처럼
안 될까?

"빈 스윙은 되는데 도대체 공을 치면 왜 안 되지?"

　이 말은 골프를 하면서 어느 누구 하나 생각해보지 않은 사람이 없을 만큼 흔한 하소연입니다. 여기 김 사장님도 빈 스윙처럼만 되면 원이 없겠다는 말을 합니다. 누군가는 빈 스윙만 프로라는 말을 듣기도 합니다. 골프 선생 중에는 빈 스윙을 많이 하다 보면 실제로 공을 칠 때도 똑같이 할 수 있다며 빈 스윙을 많이 하라고 강조합니다. '빈 스윙처럼'은 우리의 이상이자 소망입니다. 우리네 골퍼가 이루어야 할 목표인 듯합니다. 하지만 똑같은 스윙임에도 불구하고 빈 스윙을 할 때와 진짜 공을 칠 때의 동작이 달라지는 이유는 어디에 있을까요? 이것은 프로선수들에게도 나타나는 현상이기에 참 그 이유가 궁금해집니다.

　빈 스윙은 무엇인가 맞추고자 하는 의지가 없는 동작입니다. 다시 말해 임팩트의 초점이 없는 무의식의 동작입니다. 때문에 부드럽고 자연스러운 스윙이 가능합니다. 그저 대충 휘두르기 때문이죠.

　우리는 필드에서 공을 칠 때마다 빈 스윙을 한 번씩 합니다. 무의식적으로 말입니다. 반면 공이 눈에 들어오는 순간, 공을 잘 맞추고자 하는 의지가 온몸에서 발동합니다. 이러한 의지는 임팩트에 대한 무의식이 의식화되면서 공을 잘 맞추기 위한 다른 무언가의 행위를 하게 만듭니다. 그 무언가의 행위는 어떤 것이든지 간에 바로 '정확한 임팩트'를 만들기 위한 동작으로 귀결됩니다. 이 사실은 누구도 부인하지 못할 것입니다. 왜냐하면 우리는 공을 똑바로 보내려는 잠재의식이 있기 때문입니다.

맞습니다. 방법이야 어떻든 정확한 임팩트는 공을 똑바로 날려 보내기 위한 필요조건입니다. 그래야 우리는 페어웨이*를 지킬 수 있고 그린 온*을 성공적으로 할 수 있습니다. 개개인마다 그 방법이 다르겠지만 공을 똑바로 보내기 위해 몸부림을 치는 것입니다. 바로 이렇게 무의식과 의식 사이의 간극에서 '왜 빈 스윙처럼 안 될까?'라는 자문을 하게 만드는 것입니다.

==거두절미하고 스윙은 '대충 휘두르는 것'이 더 똑바로 나가게 할 수 있다는 말을 하고 싶습니다.== 우리는 이러한 평범한 진리를 애써 외면하려 합니다. 대충 휘두르면 정확하지 않을 것 같은 불안감 때문이죠. 이렇게 단순명료한 스윙철학은 골프를 배우는 과정에서 지조 있게 유지해야 되지만 항상 공격 받는 것이 현실입니다. 돌팔이 골프 선생을 만나거나, 책이나 방송 정보를 잘못 받아들이거나, 김 사장님 같은 분에게 레슨을 받는다거나 하면 말이죠(참고로 김 사장님은 백돌이입니다).

프로선수들은 공 100개를 쳐도 클럽페이스*의 공 자국이 한 치의 오차 없이 500원짜리 동전만 한 동그라미를 그립니다. 이것이 과연 의식화된 동작으로 만들어낸 결과일까요? 100번을 휘두르는 동안

페어웨이
잔디가 짧게 깎여져 안전하게 플레이할 수 있는 구역.

그린 온
샷을 하여 그린에 공을 올리는 것.

클럽페이스
클럽헤드에 공이 맞는 부분.

0.01초의 순간을 과연 의식적으로 해낼 수 있을까요? 천부당만부당한 일입니다. 여러분이 한번 공 100개를 쳐보시기 바랍니다. 수단과 방법을 가리지 말고 오로지 500원짜리 동전만 생각하고 말입니다. 그리고 클럽페이스를 확인해 보세요. 그야말로 우리는 전면의 클럽페이스를 이용하는 알뜰한 골퍼임을 확인할 수 있을 것입니다.

==결론적으로 우리가 해야 할 일은 스윙을 할 때 '정확한 임팩트를 만들어야겠다는 의식을 하지 않는 것'에 있습니다. 왜냐하면 이러한 노력이 대충 휘두르는 스윙에 방해를 주지 않고 진짜 '정확한 임팩트'를 만들어낼 수 있기 때문입니다.== 다시 말해 '휘두른다'는 일은 정확한 임팩트를 염두에 두지 않고 휘두르는 것 자체를 목적으로 하는 것을 말합니다. 이것은 정확한 임팩트를 위해서는 임팩트를 생각하면 안 된다는 역설이기도 합니다.

만일 정확한 임팩트를 염두에 둔 동작이 나온다면 그것 자체로 리듬감이 끊어진 것이고, 휘두른다는 개념도 사라진 것입니다. 스윙에서의 임팩트는 한마디로 이렇습니다. "있으나 존재하지 않는다. 배워야 하나 가르칠 수도 없다." 고로 존재하지 않는 임팩트는 생각할 필요도 없고 생각해서도 안 됩니다. 우리가 생각하는 임팩트는 실제와 다른 허상에 불과합니다.

스윙 폼을 정확하게 만들고 싶은 골퍼.
꼼꼼하게 동작을 만들고 싶은 골퍼.
스윙 분석을 밥 먹듯이 하는 골퍼.
스윙의 완벽을 꿈꾸는 골퍼.

여기에 여러분의 모습이 보인다면 그리고 골프가 참 마음처럼 잘 안 된다는 것을 느끼는 당신이라면 한번 대충 휘둘러보시는 건 어떨까요?

'머리'가 아닌 '몸'으로 하는 스윙

사람에게는 신체 외부로부터의 자극을 감지하는 오감(伍感)이라는 것이 있습니다. 시각, 후각, 촉각, 청각, 미각이 그것이죠. 그렇다면 골프를 칠 때는 어떤 감각이 쓰이게 될까요? 시각, 촉각, 청각 정도가 될 것입니다. 냄새 맡고 맛볼 일은 없을 테니까요. 하지만 그늘집에서 막걸리 한 잔 걸쳐야 골프가 잘 된다는 분께는 미각도 필요할는지 모르겠습니다. 또 어떤 분은 그윽한 라일락 향기라도 코끝을 스치면 스윙감이 좋아진다고 하는데 여러분은 어떠신가요? 그렇다면 오감을 다 사용하게 되는 것이겠군요.

청각을 의아해하시는 분들이 있을 것 같습니다. 임팩트 순간의 감각은 촉각과 더불어 청각이 중요한 역할을 하게 됩니다. 기회가 된다면 귀를 꽁꽁 막고 볼을 쳐보시기 바랍니다. 볼 치는 감각이 무뎌질 뿐더러 실수가 많이 나오는 것을 경험할 수 있습니다. '볼을 때리는 맛'이라는 것은 촉각과 청각이 적절히 혼합되어 이루어져야 제 맛이거든요. 연습장에서 뒷사람이 치는 임팩트 소리만 들어도 '잘 맞았다, 안 맞았다'를 알 수 있는 것처럼 말입니다. 어느 정도는 수준이 되어야 하겠지만요.

여하튼 골프를 치면 시각, 촉각, 청각을 이용하게 되고, 가장 중요한 것은 몸을 움직이는 운동감각이 될 것입니다. 정확히 말하자면 근육조직이 쓰이는 느낌이라 이야기할 수 있겠습니다. 사실 이것이 가장 중요한 감각입니다. 그런데 레슨을 하다 보면 꼭 이런 분들이 있습니다. 백스윙을 하고서는 손이 어떤 모양을 하고 있고, 팔이 어떻게 위치하고 있고, 샤프트는 어느 방향으로 향해 있고, 클럽페이스는 어느 방향으로 향해 있고, 심지어는 하체 모양이 어떻게 되어있는지를 꼭 눈으로 확인하시려는 분들이 있습니다. 제발 그렇게 하지 말라고 말씀을 드려도 꼭 봐야지만 알 수 있다고들 하십니다. 선생 말을 곧이곧대로 안 듣는 사람들이죠.

이렇게 눈으로 확인하는 것은 백스윙을 시각에 의존하게 만듭니다. 이 말은 시각으로 입력된 정보가 단순하게 진행되어야 할 본능적 동작에 방해를 준다는 뜻입니다. 가만히 생각해보시기 바랍니다. 정작 공을 칠 때는 백스윙을 눈으로 확인할 수도 없고, 확인해서도 안 되고, 할 필요도 없습니다. ==우리가 훈련해야 하는 감각은 시각이 아니라 근육의 움직임, 즉 몸의 움직임을 느끼는 것입니다. 골프는 머리로 하는 것이 아니고 몸으로 하는 것이기 때문입니다.==

여기서 '몸으로 한다'라는 말은 공을 치는 동작을 반사적으로 하라는 의미입니다. 그리고 운동감각 또는 그토록 강조한 본능으로 하는 것을 의미합니다. 이해 반해 '머리로 한다'는 것은 마치 공부하듯 동작을 함에 있어 일련의 인지적 과정이 포함된 것을 말합니다. 가령 탑에서 어떤 동작을 만들려는 생각이 들어간다면 머릿속은 더 복잡한 연산과정이 필요합니다. 만약 두 가지 이상을 생각한다면 공이 잘 맞기를 스스로 포기하는 것과 마찬가지입니다. 이렇듯 눈으로 확인한다거나, 스윙 중 많은 생각을 한다거나, 너무 이론적인 내용에 치우쳐 있다든가 하는 것은 운동을 몸이 아닌 머리로 하는 행위입니다. 이렇게 되면 집중력은 현저히 떨어질 수밖에 없습니다.

우리는 김 사장님처럼 백스윙할 때 눈이 클럽헤드를 안 따라가면 도저히 공을 맞출 수 없다는 분들을 간혹 만나볼 수 있습니다. 잘못된 습관이라는 것을 알면서도 좀처럼 그 습관을 이겨내지 못하는 분들이죠. 이런 분들은 다음과 같은 방법을 시도하여 극복해보시기 바랍니다. 우선 클럽을 쥐고 어드레스를 취한 다음 눈을 감습니다. 천천히 헤드를 움직여 그 움직임을 느껴봅니다. 천천히, 반드시 천천히 해야 합니다. 우리가 움직이려고 하는 것은 몸도 팔도 아닌 바로 클럽헤드라는 것을 상기해야 합니다. 이런 방법으로 몇 번 정도 움직여봅니다. 이제 눈을 뜹니다. 공에 클럽을 댄 후 눈을 감고 했던 그 감각을 그대로 살려봅니다. 작은 스윙으로 공을 때려보는 것입니다. 감각이 잘 살아나지 않는다면 이번에는 눈을 감은 채로 공을 쳐봅니다. 이러한 연습을 몇 번이고 반복하다 보면 클럽헤드의 움직임에 집중하면서 운동감각을 살릴 수 있을 것입니다.

스윙의 기술적 원리를 따지자면 몸통회전이 같이 되어야 하지만 운동감각을 살리기 위해서는 헤드를 움직이는 손의 감각이 우선돼야 합니다. 이러한 방법이 운동감각을 훈련시키고 반사적 동작을 할 수 있는 첫 걸음이라고 할 수 있습니다. 흔히 이야기하는 헤드 무게를 느끼는 방법이라고도 할 수 있습니다.

이 장에서는 '머리로 하는 스윙 연습'이 되지 않는 방법을 강조했습니다. 우리는 단순하고 반사적이고 본능적인 동작에 방해가 되는 그 어떤 것이라도 철저하게 경계해야 합니다. 이것이 어쩌면 골프를 잘 치는 비결이라면 비결이라고 이야기할 수 있습니다.

제 2 장

배움의 철학

이 장에서는 배우는 자의 태도를 점검해보고
골퍼 자신을 돌아볼 수 있는 시간을 가져봅니다.

> 스승의 말은 의심하지 말고 그대로 실행하라.
> 그것이 지름길이다.

2장 | 배움의 철학

01

선생을 만나는 고통

제가 골프를 시작한 지 10여 년이 되어갈 때쯤 비로소 스승다운 스승을 만났습니다. 스승과 제자의 연을 맺기 전, 이분과 함께 경기도의 한 컨트리클럽에서 무료 라운드*의 기회를 가지게 되었습니다. 신입 캐디 교육을 위한 라운드였죠. 이 프로님의 실력은 일주일 내내 18홀 라운드를 하면서 66타, 67타, 66타, 67타, 65타, 68타였습니다. 혀를 내두를 정도였죠. 4라운드 정규시합을 한다 치면 무려 20언더 이상의 스코어를 기록하는 셈입니다.

여러분은 이런 초고수와 라운드해본 적이 있으신가요? 이 정도 스코어면 정규 프로 시합에서도 충분히 우승을 할 수 있는 정도입니다. 체구도 그렇게 크지 않은데 거리 또한 엄청 나갑니다. 이런 실력자와 라운드를 한다면 한 번 배우고 싶은 생각이 안 들까요? 저는 그냥 뿅 가고 말았습니다. 그래서 고백을 했습니다. "저도 프로님처럼 골프를 잘 치고 싶습니다. 저를 좀 거두어 주십시오!" 이렇게 해서 스승과 제자의 인연을 맺습니다. 그 당시 제 실력은 이랬습니다. 강산이 한 번 변한다는 구력이 있어서 70대는 칩니다. 어쩌다 운 좋으면 -1, 이븐(Even)도 나오고, 주로 70대 중반에서 후반을 오갔죠. 그런데 문제는

라운드
18홀을 도는 것.

2장 | 배움의 철학   65

가끔 팔십 대여섯 개씩 치는 스코어가 나온다는 것입니다. 이럴 때면 정말 오만상 다 찌푸려지고 세상 다 산 것 마냥 기운이 쭉 빠집니다.

이 당시에 저는 훈련비와 시합비를 마련하기 위해 실내연습장에서 선생 노릇을 하고 있었습니다. 새벽반을 맡아 레슨이 끝나면 점심 때가 지납니다. 그리고 한 시간 남짓 차를 끌고 프로님이 계신 큰 연습장으로 갑니다. 그리고 레슨을 받습니다. 골프 고수의 부푼 꿈을 안고 뭐든 시키는 대로 할 태세였습니다. 그런데 그렇게 출중한 골프실력만큼이나 뭔가 특별한 비결이라도 알려줄까 기대했지만, 레슨은 영 기대했던 수준에 미치지 못했습니다. 그 프로님은 '공을 까니 못 까니', '클럽을 떨어뜨려라!'는 말만 연발하고 두루뭉술한 이야기만 해댔습니다. 친절한 설명에 대한 기대는 과한 욕심이었습니다. '레슨비를 안 줘서 이렇게 성의가 없나?' 하는 의심까지도 들었습니다.

배워보겠다고 기어들어 갔으니 별 도리 없이 한 달 정도 버텼습니다. 그런데 뭐 되는 것 같기도 하고 아닌 것 같기도 하고 뭔가 확실한 느낌이 없었습니다. 그리고 라운드를 하니 이건 뭐 70대조차 아예 치지 못합니다. 이제 슬슬 불안감이 마음 한편에서 스멀스멀 밀려오기 시작하더군요. '이거 더 배워야 하나? 말아야 하나?' 다시 고민을 합니다. 머릿속에서는 서로 맞서는 생각들이 논쟁을 펼칩니다.

배우지 말자: 이러다간 죽도 밥도 안 될 것 같아. 불안해.
계속 배우자: 아니야. 일단 3개월만 시키는 대로 해보자.
배우지 말자: 그래도 한 달 정도 했으면 뭔가 느껴져야 되는 거 아닌가?
계속 배우자: 내 눈으로 날마다 60대 치는 걸 봤잖아. 시키는 대로 하면 나도 그렇게 할 수 있을 거야!

배우지 말자: 곧 시합도 나가야 하는데 그냥 내 방식대로 할까? 그래도 70대는 나오고 가끔은 언더파도 치잖아?

계속 배우자: 반면에 팔십 댓 개도 나오잖아.

배우지 말자: 가르쳐 주는 것도 대충 대충 가르치잖아. 했던 얘기만 계속 반복하고……. 과연 더 배울게 있을까?

계속 배우자: 그렇지만 이런 실력자에게 돈 들이지 않고 또 배울 수 있는 기회가 올까?

배우지 말자: 아휴, 머리 아프다. 그냥 내 감각으로 치고 싶다.

계속 배우자: 그래도 저 분은 프로잖아. 분명 나보다 실력이 좋은 건 사실이잖아.

스윙 한 번 바꿔보겠다고 레슨을 받는 분들은 한 번쯤 저와 같은 고통을 느끼셨을 것입니다. 심사숙고 후 저는 이렇게 결론을 내립니다.

'언더파에서 80대를 오르내리는 나는 아직 골프를 모르는 것이다. 언더파가 내 평균 스코어가 아니지 않은가? 만약 내가 골프를 잘 안다면 적어도 이렇게 기복이 심하진 않겠지. 그러니 그냥 믿고 가자. 의심하지 말고 가자.'

훗날 이 결정이 얼마나 다행스러웠고 얼마나 중요한 순간이었는지 떠올리면 제 자신이 참 대견하다는 생각까지 들더군요. 아마 다른 결정을 했다면 영영 골프의 진실을 만나보지 못했을 것이고, 프로에 입문하지도 못했을 것입니다. 영영 가슴에 한을 품고 말이죠.

2장 | 배움의 철학

02

2장 | 배움의 철학

'1 + 1 = 2'

그 프로님께 배울 당시만 해도 저는 스윙을 전체적으로 생각하지 못하고 단편적인 동작에만 신경 썼습니다. 흔히 말하는 폼만 만드는 골프였죠. 오랜 시간 연습을 했지만 출발이 잘못되었고, 고집스러운 성격 탓에 쉽게 생각을 바꾸지도 못했습니다. 게다가 운동감각이 좀 둔한 편이기도 했습니다.

그러면서도 레슨을 받으면서 은근히 기대한 것이 있었으니, 60대 타수가 가능한 세밀한 동작과 더 좋은 폼이었습니다. 하지만 정작 레슨은 '공만 까라!'는 식의 이야기만 계속됐죠. 게다가 어제 했던 이야기와 오늘 하는 이야기 다르니 정말이지 야속하기 그지없었습니다. 레슨을 받으면서 가장 많이 들었던 말이 이것입니다.

"공을 까야 한다."
"클럽을 떨어뜨려야 한다."

마치 선문답 같은 아리송한 이야기입니다. '공을 까라'는 말은 어느 정도 이해가 되고 뭔지 알 것 같은데 '클럽을 떨어뜨려라'는 말은 도무지 알아들을 수가 없었습니다. '찍으라는 건가? 힘을 주지 말라는 건가? 도대체 뭘 어디에 어떻게 떨어뜨리라는 것인가?' 어떨 때는 '된다'고 그랬다가 또 '안 된다'고 그랬다가 참 정말이지 미치겠더군요. 그래서 그 동작을 어떻게든 해보기 위해 내 생각의 틀 안에서 나만의 느낌을 찾으려고 애를 썼습니다. 그런데 그런 하수의 의도를 간파했는지 스승께서 뒤통수를 냅다 갈깁니다.

"시키는 대로 채를 그냥 내려! 뭘 그렇게 복잡하게 생각하고 그래!"

나이 먹어 욕 들어먹고, 한 대 맞으니까 화가 나더군요. 일단 나와서 담배 한 대 피고, 진정을 한 뒤 다시 타석으로 들어갔습니다. 그리고 마치 화풀이라도 하듯이 매트가 퉁퉁 울릴 정도로, 이건 뭐 바닥을 치는 것인지 공을 치는 것인지 클럽헤드를 냅다 패대기치면서 공을 쳐대기 시작했습니다. 이 순간 저에게 운명적인 변화가 찾아왔다는 사실을 그때는 미처 몰랐습니다.

이때부터 저는 폼을 생각하는 스윙을 할 수가 없었습니다. 언제 또 다시 뒤통수를 맞을지 모르니까요. 그리고 '폼을 생각하는 스윙을 하면 안 된다'라는 사실을 이해하기 시작했습니다. 말하자면 골프에 서서히 눈을 뜨기 시작한 것입니다. 친절한 설명과 세밀한 동작 설명을 기대했던 저는 얼마나 어리석었는지! 내 골프가 얼마나 많이 삼천포로 빠져 있었던 것인지를 생각하면 지금도 안도의 미소가 지어집니다. 그리고 그런 골프에서 빠져나오게 된 것이 얼마나 다행스러운 일인지 하늘에 감사하고 싶더군요. 앞서 말씀드렸지만 생각을 바꾸는 일은 마치 돌아올 수 없는 강을 다시 건너오는 것과 같습니다. 이것은 목숨을 건 사투입니다. 이렇게 어렵게 골프를 알아가는 과정에서 다음과 같은 교훈을 얻었습니다.

$$1 + 1 = 2$$

'1+1=?'은 초등학생이 아닌 유치원생에게 물어봐도 대답할 수 있는 아주 쉬운 문제입니다. 그러나 이 문제를 어리석은 방식으로 풀어보자면 다음과 같습니다.

$$\frac{\sqrt{(2-\sqrt{5})^2} + \sqrt{(2+\sqrt{5})^2}}{2\sqrt{9} - \sqrt{4}} + \frac{\sqrt{(3+\sqrt{2})^2} - \sqrt{(4+\sqrt{2})^2}}{\sqrt{(3-\sqrt{4})^2} - \sqrt{(4-\sqrt{4})^2}} = 2$$

분명 '1+1'을 물어봤는데 스스로 어렵게 만드는 경우입니다. 숫자 1이라는 주문을 했는데 그대로 1로 받아들이지 않고 자신의 생각에 끼워 맞추듯, 자기만의 수식으로 변질시킵니다. 그리고 또 하나의 숫자 1, 이것도 이미 숫자 1이 아닙니다. 마치 수능문제에서나 나올 법한 어려운 수식입니다. 2라는 답을 만들어내야 하는데 전자계산기를 갖다 놔도 어찌할 바를 모를 계산입니다. 쉽고 단순한 생각으로 공을 날려 보내야 하는데 스스로 어려운 스윙을 자처하는 것과 같습니다. 이 어려운 수식을 자기 방식대로 암산을 해보겠다고 하는데 답이 나올 리 있겠습니까? 다시 말하지만 골프를 배움에 있어 가장 중요한 것은 이것입니다. 스승의 말은 의심하지 말고 액면 그대로 실행하라. 이것이 지름길이다.

2장 | 배움의 철학

03

스윙을
고치는 것은
왜 이렇게 어려운가?

하루는 우리 김 사장님께서 스윙을 바꿨다면서 한번 봐달라고 하십니다. 꽤나 열심히 연습했던지 진지한 모습으로 타석에 들어섭니다. 그러고는 공을 하나 치고 "뭐 달라진 거 없어?" 하고 물어봅니다. "아니, 없는데요?" "다시 잘 봐봐. 어디가 달라졌는지." 또 한 번 스윙을 합니다. "모르겠는데요. 달라진 게 없는 것 같은데······." "아이, 이 사람아! 똑바로 봐봐." 그 뒤로도 계속해서 연신 쳐댑니다. 또 달라진 것이 없냐고 다그칠 것이고, 없다고 하면 또 저의 눈만 탓할 것 같습니다. 그래서 그냥 아무 말이나 한 마디 해주고 넘어가는 게 나을 것 같다는 생각이 듭니다.

　오랜 시간 골프를 가르쳐 오면서 발견한 흥미로운 사실 한 가지가 있습니다. 아마도 골프를 가르치는 선생이라면 모두들 경험해봤을 것입니다. 이에 따라 자신만의 교수법을 개발했을지도 모릅니다. 그것은 스윙을 고치려고 해도 그 스윙의 변화가 쉽게 일어나지 않다는 점입니다. 좀 더 정확하게 말하면 본인이 생각하는 변화 정도와 보는 사람이 느끼는 변화 정도에는 상당한 간극이 있다는 것이죠.

　가령 '나는 스윙에서 이만큼의 변화를 주었다'라고 생각하지만 제3자의 시각으로는 무엇을 어떻게 고쳤는지 분간하기가 여간해서는 어렵습니다. 말로써 표현하는 만큼의 큰 변화는 보기 힘들죠. 스윙을 봐 달라고 하는 것은 자신의 스윙에 고친 부분이 있으니 분명 좋아졌으리라 기대하는 심리입니다. 단지 그것을 확인받고 싶었던 것이죠. 김 사장님의 경우처럼 말입니다. 골프 선생마다 그 지도법이 다르게 느껴지는 것 역시 피교육자의 이러한 습성에 대처하는 방식이 다양하기 때문이라고 생각합니다.

초보자들을 가르칠 때는 마치 백지 상태에서 그림을 그리듯 교정이 용이합니다. 또한 그리는 사람의 의도대로 자유자재로 그릴 수 있습니다. 이것은 골프 선생의 스윙철학과 골프철학이 아무리 개똥철학이라 해도 배우는 사람이 쉽게 수용할 수 있다는 점을 시사합니다. 반면 중상급자는 일단 스윙을 고쳐야 하는 필요성에 대해 이해시키는 것조차 어려운 일입니다. 이해가 되고 노력한들 스윙의 변화는 쉽지 않습니다. 그리하여 골프 선생들은 중상급자보다 초보자를 가르치는 것이 훨씬 수월하다는 이야기를 종종 합니다.

이렇게 스윙의 변화가 쉽게 일어나지 않는 이유는 근본적으로 어디에 있을까요? 그것은 동작을 고치기 전, 생각의 오류를 바로잡지 못하는 데 있습니다. 즉, 아무리 노력을 하여도 스윙을 생각하는 관점이 바로잡히지 않는다면 스윙 교정은 애당초 이루어질 수 없는 일인 것입니다.

우리 몸은 '배가 고프다'는 신호를 뇌에서 인지한 후 비로소 몸을 움직여 냉장고로 향합니다. 그러나 '배가 고프다'는 신호에 생각의 오류가 발생된다면 우리는 먹을 것을 찾으러 냉장고가 아닌 세탁기로 향할 수도 있습니다. 이렇게 된다면 우리는 애당초 원하는 목적을 이룰 수가 없습니다. 골프도 마찬가지입니다. 스윙을 고친다는 것은 단순히 몸의 움직임을 고치는 것이 아니라 움직임을 제어하는 생각을 바로잡는 작업이라고 이해해야 합니다. 골프를 수년간 해온 골퍼, 중급 이상의 실력을 보유한 골퍼들은 스윙을 고치는 것에 두려움이 있고 또한 쉽게 고쳐지지 않는다는 것을 잘 알고 있습니다.

> 오랜 시간의 습관 때문에……,
> 처음에 잘못 배워서…….

이러한 핑계는 스윙 교정을 시도하다가 결국 포기하게 만듭니다. 꿈틀대는 욕심에 다시 시도한다 해도 '하다가 또 포기하는 것은 아닌가?' 하는 두려움마저 생깁니다. 그리고 망설입니다. 이렇게 스윙을 고치는 것에 어려움을 느끼는 이유는 앞서 말한 것처럼 골프를 이해하는 관점, 스윙을 이해하는 관점이 바뀌지 않은 상태에서 교정을 시도하기 때문입니다. 이렇게 해서 스윙에 변화를 줬다 한들 보는 사람이 느낄 만큼의 변화는 쉽지 않습니다. 그리고 머지않아 원래대로 돌아오고 말 것입니다.

생각을 바꾸는 것은 왜 이렇게 어려울까요? 스윙 교정을 어렵게 만드는 김 사장님의 생각이 고쳐질 수 있도록 다음과 같은 충고를 드립니다.

조금씩 고쳐나가서는 이룰 수 없다

스윙을 한번에 고치는 일은 꽤나 부담스러운 일입니다. 교정의 폭이 크면 당장 공이 잘 안 맞기 때문입니다. 너무 어색하다면서 부담스러운 마음을 숨기지 못합니다. 이렇게 어색한 감으로 어떻게 공을 쳐야 할지, 얼마만큼 연습해야 할지 걱정부터 앞서다 보니 고심 끝에 서서히 바꿔나가겠다는 결심을 합니다. 그러나 바로 이러한 생각이 무엇이 바뀌었는지 알아챌 수 없는 그런 스윙을 낳고 맙니다. 적어도 상대방이 느낄 수 있는 정도의 변화를 주기 위해서는, 운동감각으로 말하자면 파격적인 시도가 있어야 합니다. 그러나 우리는 항상 이러한 시도에 주저합니다. 왜냐하면 생각의 변화가 없으면 시도할 수 없기 때문입니다.

이렇게 마음의 결단을 쉽게 하지 못하는 이유는 그간 배우고 정립한 자신만의 스윙철학, 그간 투자한 돈이며 시간이며 모든 노력이 허사가 돼버린다는 생각에 있습니다. 몇 십 년을 살아온 사람에게 '당신은 잘못된 생각으로 살아왔다', '당신의 가치관은 잘못 됐으니 고쳐야 한다'라고 충고를 한다면 어느 누가 순순히 받아들이겠습니까? 기분 나빠하지 않으면 다행이지요. 설령 받아들인다 한들 내적 갈등과 고뇌가 따르는 고통을 겪어야지만 교정이 가능합니다. 이러한 고통은 바로 전혀 다른 동작을 해야 하는 어색한 감일 것입니다. 그러나 우리의 육신은 간사하기 때문에 어색함이 익숙해지고 난 후 다시 원래대로 하라고 하면 오히려 그쪽을 불편하고 어색하게 느낍니다. 이렇게 변덕이 죽 끓듯 한 우리 몸을 이해하지 못한다면 조금씩 고쳐나가겠다는 생각에서 벗어날 수 없게 됩니다.

저도 스윙을 만들어 가는 과정에서 유명 프로들의 스윙을 따라하려고 부단히 애를 썼지만, 좀처럼 똑같은 동작 나오지 않았습니다. 나중에서야 깨달은 것이지만 전혀 엉뚱한 감으로 해야 했습니다. 파격적인 시도에 주저하지 말고 '처음부터 다시 한다'는 결단을 망설이지 마십시오. 이것이 가장 빠른 지름길이 될 수 있습니다.

습관은 고쳐질 수 있다

골프는 '습관'의 운동이기 때문에 '골프 레슨'은 습관이 잘 들도록 유도하는 작업, 또는 이미 습관이 된 동작을 다른 습관으로 바꾸는 과정이라 할 수 있습니다. 따라서 습관의 개념과 습관의 특성을 이해한다면 스윙 교정에서 오는 스트레스를 원천적으로 줄일 수 있습니다.

습관의 사전적 의미는 '여러 번 되풀이함으로써 저절로 익고 굳어진 행동'입니다. 여기서 '여러 번'이라 표현되어 있는 문제, 즉 얼마나 되풀이해야 하는지의 문제가 스윙 교정에 필요한 기간을 가늠해 볼 수 있는 단서입니다. 한 연구에 따르면 하루에 한 시간씩 100일을 반복한다면 습관의 동작을 만들 수 있다고 합니다. 이렇게 습관을 고치기 위해 많은 시간이 필요한 이유는 우리 뇌의 특성 때문입니다. 우리 뇌는 어떠한 동일한 자극을 계속해서 주었을 때 그것이 일정 시간이 지나면 의식적으로 했던 행위들도 무의식화됩니다. 말하자면 인체 신경회로에 자동화 시스템이 구축되는 것이죠. 이것이 습관입니다. 따라서 스윙을 교정하기 위해서는 약 3개월 동안 꾸준한 자극이 필요하다는 이야기입니다.

컴퓨터 타자를 칠 때 열 손가락을 모두 사용하지 못하는 사람이 있습니다. 이런 사람들도 하루에 한 시간씩 3개월 정도 연습을 한다면 아마도 1분에 300타수 이상은 치지 않을까 생각됩니다. 처음엔 하나하나 자판을 기억하면서 치는 자체가 괴롭고 어려운 작업이지만, 시간이 지나면 지날수록 속도가 붙음을 느낄 수 있습니다. 이러한 과정이 바로 자동화 시스템을 구축하는 시간이라고 생각한다면 스윙을 교정하는 스트레스를 한껏 줄일 수 있을 것이고, 스윙을 고치는 마음의 준비를 보다 쉽고 편안하게 할 수 있지 않을까 생각됩니다.

우리는 공을 치면서, 스윙을 고치면서 늘 '편하다'고 하는 감을 찾습니다. 가능한 한 몸이 편하게 스윙하려는 것은 당연하지만, 우리는 이것을 분명히 구분할 줄 알아야 합니다.

해오던 습관을 편하다고 하는 것은 아닌지.
역학적으로 기술적으로 무리가 없어 편한 것인지.

후자가 훨씬 거리를 많이 보낼 수 있고 정확하게 칠 수 있는 방법입니다. 그러나 굳이 "나는 그냥 편한 감대로 하겠다"며 해오던 습관을 고집한다면 뭐 더 이상 말할 가치가 없겠습니다. 참으로 가련한 중생이 따로 없습니다.

▶ 지금 눈앞의 공을 잘 맞추려 하지 말자

파격적인 시도를 하여도 좀처럼 스윙이 고쳐지지 않는 또 다른 이유가 있습니다. 그것은 스윙을 고치면 당장 공이 잘 날아갈 것 같은 기대입니다. 물론 공을 잘 날려 보내기 위해 스윙을 고치는 것이지만, 달라진 동작이 소위 말하는 '내 것'이 되어야 그 기대에 부응하게 됩니다. '내 것으로 만든다'라는 표현은 잘 안 맞는 시기의 극복을 의미합니다. 이 시기를 '극복'이라고까지 표현할 수 있는 것은 기존의 메커니즘이 틀어져버리는 고통 때문입니다. 달라진 동작에 대한 연쇄적 부담감이 발생하는 것이죠. 이 말인즉슨 한 동작을 고치면 다른데 또 고쳐야 할 곳이 생긴다는 뜻입니다. 이러한 과정을 이해하지 못한다면 머지않아 원래 해오던 습관으로 돌아가고 맙니다.

이렇게 눈물겨운 컴백을 해야 하는 이유는 새로운 시도로 불안에

떠느니 차라리 해오던 습관이 더 낫겠다는 생각 때문입니다. 따라서 스윙 교정을 성공적으로 하기 위해서는 기대와 욕심을 버리는 마음의 준비가 필요합니다. 그 첫발은 바로 다음과 같습니다. ==지금 이 순간 공을 잘 맞추려 하지 말자. 즉, 임팩트에 대한 욕심을 버리고 고치는 동작에만 집중하자.== 교정 동작에만 집중하다 보면 당장은 잘 안 맞는 듯싶지만 서서히 적절한 템포와 리듬이 만들어집니다. 기다리면 다가오는 여인의 마음처럼 말이죠. 저는 이런 말로 김 사장님을 설득하려고 합니다.

"지금 공이 안 맞고 생크*가 나더라도 어느 누구도 쫓아오지 않습니다. 지금 공이 안 맞고 뒤땅을 치더라도 어느 누구도 흉보지 않습니다. 지금 공이 안 맞고 헛스윙을 하더라도 어느 누가 돈 달라는 사람 없습니다. 그러니 우선 이 동작에만 집중하세요."

'스윙을 고친다'고 하면서 당장 창공을 가르는 완벽한 비상을 꿈꾸는 것도 좀처럼 해오던 습관을 버리지 못하는 이유입니다. 공을 잘 맞추려는 의지와 기대를 애당초 포기하는 것이 스윙을 가장 빨리 고칠 수 있는 방법입니다.

생크
공이 클럽헤드의 목 부분에 맞아 우측으로 치우쳐 비정상적으로 날아가는 구질.

🚩 '필드에 나가야 한다'는 핑계

스윙을 고치지 못하는 핑계 중에 가장 흔히 하는 말은 '당장 내일 필드에 나가야 하니 스윙 교정은 다음에 하겠다'입니다. 진짜 다음에 해볼 수 있을까요? 다음에도 '필드에 나가야 한다'는 핑계를 또 대지는 않을까요? 스윙을 고치면서 당장 필드에 나가는 것이 두렵다면 평생 스윙 교정에 성공하지 못할 것입니다. 어색한 감으로 필드에 나가는 것을 꺼리는 사람들은 스윙을 교정함에 있어 집중의 위력을 모르는 사람들입니다. 연습장에서 공을 1,000개를 치면서 느끼는 것보다 필드에서 한 번 느끼는 것이 더욱 효과적이라는 사실을 깨닫지 못하는 것이죠.

필드에서 이러한 효과가 발생하는 이유는 필드에서의 스윙이 가장 집중도가 높기 때문입니다. 내기라도 걸려있다면 그 집중도는 아마 최고조에 이를 것입니다. 이렇게 집중도가 높은 상태에서의 스윙 교정은 어색하고 불편한 스윙감을 가장 빨리 극복하는 방법이기도 합니다. 뭐 한두 번이야 지갑이 털릴 수 있겠지만 스윙이 좋아진다면 그깟 몇 푼에 실력향상을 마다하시겠습니까?

레슨의 불편한 진실

제가 골프를 시작한 지 한 5개월 쯤 되었을 때의 일입니다. 필드엔 아직 나가보지 못해서 그때까지 '스윙을 완벽하게 만들자'는 나름의 포부를 가졌습니다. 알에서 깨어 나오지도 못한 병아리가 호랑이가 되는 꿈을 꾸고 있었던 것이죠. 골프를 몰라도 한참 몰랐을 때입니다. 그 당시 연습장에는 컴퓨터 스윙분석시스템이 갖춰져 있었습니다. 그것을 이용해 유명 프로들의 스윙과 똑같이 만들려고 애를 썼습니다. 왼팔을 펴기 위해, 헤드업(Head up)*을 안 하기 위해 부단히 노력했습니다. 그 중에서 가장 애를 먹었던 것은 다운스윙 시 왼쪽 축을 만드는 동작이었습니다. 왼쪽 벽을 쌓느니, 허리를 미느니, 사타구니를 쪼이게 하느니 별 소리를 들어가면서 연습을 했습니다. 그러나 좀처럼 해답을 찾을 수 없었습니다.

우리가 레슨을 받을 때 일반적으로 많이 듣는 이야기들이 있습니다. '체중 이동', '왼쪽 축', '하체 리드', '헤드업', '손목의 모양', '팔의 각도' 등등. 이런 동작들은 10여 년이 지난 후에야 그 비법을 터득하게 됩니다. 그리고 이러한 동작들을 만들기 위해서는 아이러니하게도 애써 만들려고 하지 않아야 합니다. 등잔 밑이 어둡다고 이 얼마

헤드업
스윙 시 머리를 먼저 드는 동작.

나 모순적인 발상입니까? 정말 아무것도 아닌 사실을 너무나도 먼 곳에서 찾고 있습니다. 그러한 비법이라는 것들은 '휘두르는 것'만 잘 하면 모두 자동으로 익히게 됩니다. 몸이 반사적으로 반응하여 연쇄 동작을 일으키는 것이죠. 백스윙에서의 모든 동작 역시 다운스윙 시 '휘두르는 것'에 집중할 때 자연히 만들어지는 것입니다. 이렇게 쉽고 정확한 방법이 있음에도 불구하고 왜 그렇게 틀에 박힌 표현들이 만연해 있는지 궁리해보았습니다.

우리나라의 골프는 1960년대쯤 태동을 합니다. 프로골프협회가 창설이 되고 시합이 하나둘씩 개최되기 시작하죠. 여기에 발맞춰 프로들은 일반인을 상대로 상업적인 레슨을 시작합니다. 이것이 골프 선생이라는 직업의 시초이면서 골프레슨의 패턴과 티칭 문화의 태동이기도 합니다. 그 당시는 프로들이라고 해도 골프에 관한 정보를 모두 섭렵하지는 못했습니다. 지금처럼 인터넷이 발달한 정보의 홍수시대가 아니었기 때문에 외국에서 골프를 접해본 사람, 골프 선진국에서 흘러들어온 몇몇 책이나 영상물에 의존하여 스윙을 따라했죠. 골프를 정말 잘하는 서양의 프로들로부터 한국의 어느 누가 체계적인 레슨을 받아봤겠습니까? 그저 책을 보고 따라하는 수준이 아니었을까요? 그래서 우리나라 골프 티칭문화의 시초는 책이나 사진을 보고 따라하면서 이루어진 것이 아닐까 하는 생각입니다(이건 어디까지나 제 생각입니다).

쫙 펴져 있는 왼팔을 보면 → '왼팔은 무조건 펴야 한다.'
오른팔이 각이 항상 일정하면 → '오른팔 각도는 90도로 만들어야 한다.'

다운스윙 때 오른팔이 옆구리에 붙으면 → '일단 똑같이 붙인다.'
임팩트까지 팔이 펴져 있으면 → '그럼 왼팔이 리드해야 되는군.'
허리가 돌아가는 것을 보면 → '허리가 여기에서 돌아가네?'
하체가 움직이는 것을 보면 → '하체 리드는 무릎이 먼저구나.'

　이렇게 눈에 보이는 대로 스윙을 만들어가지 않았을까 생각해봅니다. 이 역시 골프가 '100% 신체적인 운동'이라는 관점에 주목할 수밖에 없었던 한국 골프의 시대적 한계가 아닐까 싶습니다. 저도 한참 연습에 매진할 때 프로님들로부터 한 마디씩 들은 것이 바로 이런 표현들이었습니다. 물론 레슨을 하는 골프 선생들이 다 그런 것은 아니었지만요.

　그러나 이러한 표현들이 꼭 틀렸다고 말하기는 애매한 부분이 있습니다. 그것은 유명 프로선수들의 연속 사진을 보게 되면 이러한 부분 동작들이 한 치의 오차 없이 나오기 때문입니다. 그러나 우리가 자각하고 주목해야 할 부분은 사진 속의 주인공은 이러한 동작들을 만들기 위해 애쓰지 않을 뿐더러 굳이 만들려고 하지도 않는다는 점입니다. 프로선수들의 동작을 비디오로 촬영해서 보면 마치 꼭 그 동작을 하려는 것처럼 보입니다. 또한 '프로다운 스윙'을 만드는 필수 동작이라고 아무런 의심을 갖지 않게 됩니다. 결국 그 동작을 꼭 따라해야만 할 것 같고 스윙의 기본이면서 교과서라 여기는 것입니다. 참으로 보기 좋게 빠질 수밖에 없는 감쪽같은 함정이라고 이야기하면 딱 맞습니다. 진실은 보이지 않는 곳에 있는데 말이죠.

　스윙을 만들어가는 과정에서 중요한 점은 무엇이 주(主)가 되고 무엇이 객(客)이 되는지 알고 해야 한다는 것입니다. 만약 이런 것조차 이해가 안 되어 있는 돌팔이 선생에게 배운다면 스스로가 간파해야 합니다. 제가 바로 10여 년 동안 객이 주가 되어 연습한 사람입니다. 그래도 늦게나마 이 사실을 알았으니 망정이지 몰랐으면 아직도 사경을 헤매고 다닐지도 모를 일입니다.

저와 비슷한 견해는 미국의 골프사(史)에서도 확인할 수 있습니다. 1930년대까지만 해도 당대 최고의 선수들은 골프의 정신적 측면을 강조하고 또한 가르쳤습니다. 그러나 1940년대 이후로 골프의 정신적인 측면을 강조한 사람들은 점점 줄어들었습니다. 그 이유에 대해 미국의 저명한 스포츠심리학자 밥 로텔라 박사는 다음과 같이 기술하고 있습니다.

여기에는 여러 가지 이유가 존재한다. 그 첫 번째 이유는 바로 '기술의 발전'이다. 동작 사진과 스틸 사진이 발전하면서 뛰어난 선수들의 스윙에 관한 기록과 연구가 가능해졌다. 이제 사람들은 바이런 넬슨이 백스윙 시점에서 코킹을 안쪽으로 하는지 바깥으로 하는지를 확인할 수 있게 되었다. 골프 게임을 TV로 방영하고, 골프 잡지와 관련 서적이 넘쳐나면서 골프의 기술적 측면은 더 강조되었다. 골프 연습장이 성행하면서 선생들은 연습 티에서 서서 사람들의 손 위치나, 몸의 꼬임 그리고 스윙 플레인에 대해 설명해주는 것만으로 직업을 유지할 수 있다는 것을 알게 되었다. 따라서 제자들과 함께 골프 코스에 나가지 않게 되었고, 골프 게임에서 리듬이나 감정, 타수 기술에 대해 가르치는 것을 서서히 그만두게 되었고, 골프 교습은 점차 큰 사업으로 변했다. 〈중략〉
1940년대에서 1950년대에는 벤 호건에 대한 왜곡된 이미지가 미국 골퍼들의 모델이 되었다. 이때는 호건의 이미지가 잘못 알려져 있었다. 출판사와 대중들은 그를 마치 스윙 메커니즘에서 로봇 같은 표본으로 생각했다. 하지만 실제로 호건은 자신의 글에서 스윙 메커니즘에 대한 강박관념에서 벗어나고서야 최고의 경기를 할 수 있었다고 말한다. 〈중략〉
그러나 이것은 대중에게 알려진 '호건 이미지'가 아니었다. 골프 출판사는 호건이 골프 스윙의 기술적인 측면을 많이 터득함으로써 위대한 골퍼가 되었다고 표현했다. 모든 사람들은 그가 그린 위에서 얼마나 많은 연습을 했는지에만 집중했고 그가 자신의 훅을 개선하기 위하여 연습한 스윙 동작이 무엇인지에 대해서만 관심을 가졌다. 나는 몇 년 전에 호건을 만날 기회가 있었고, 그가 말한 내용이 사람들이 생각한 '호건의 이미지'와 실질적으로 어떻게 다른지 알 수 있었다. 호건은 나에게 '느낌에 따라서 경기를 한다'고 말했다. 이는 대중들이 호건에 대해 매우 잘못된 인식을 가지고 있다는 것을 명백히 보여준다.

출처 『골프, 완벽한 게임은 없다』 밥 로텔라 지음/원형중 옮김/루비박스

2장 | 배움의 철학
05

'책'이 스승이라 말하지 마라!

제가 골프에 눈이 뜨일 때쯤, 골프 레슨에 대해 의심을 품게 됩니다. 그때는 이미 오기로 골프를 치고 있을 때니까 좀 예민해져 있었다고 할까요? 프로테스트에 한 10번 정도 낙방을 했을 당시입니다.

한 골프 잡지에 미셸 위 선수의 멋진 임팩트 장면이 실려 있었습니다. 그리고 한편에는 동작에 대한 장황한 설명이 있었습니다. 내용은 대략 이랬습니다. '임팩트 시에는 팔이 모두 펴져있고, 허리는 몇 도 정도 돌아가 있고, 무릎의 각도는 몇 도이고, 체중은 몇 퍼센트 이동이…….' 대충 이런 내용인데 마치 미셸 위 선수가 말하는 것처럼 쓰여 있더군요. 여태껏 10여 년 동안 이런 글과 책을 보며 연습해온 저는 순간 흥분이 되었습니다. 그래서 그 잡지사에 전화를 걸어 이 기사를 쓴 기자와 통화를 시도했습니다. 처음에는 바꾸어 줄 수 없다고 했지만 집요하게 요청한 끝에 그 기자와 통화를 할 수 있었습니다.

"이 말은 미셸 위와 인터뷰를 하고 쓴 것이냐?", "당신은 골프를 얼마 정도 치느냐?"라는 질문에 "아니다", "보기 플레이 정도 한다"라는 답변을 들을 수 있었습니다. 그래서 저는 따지고 들었습니다.

보기
기준 타수인 파보다 한타 많이 친 스코어.

보기플레이
매홀 평균 보기 정도 하는 수준의 실력.

"왜 그 선수가 하지도 않은 말을 마치 한 것처럼 쓰느냐?", "그것이 정확한 정보라고 생각하느냐?", "왜 대중이 보는 책에 잘못된 정보를 주느냐?", "비전문가가 마치 전문가처럼 행세를 하느냐?" 하고 말이죠.

처음에는 제 논리정연한 공격에 어처구니없다는 반응을 보였지만, 다음부터는 인터뷰한 내용만을 쓰겠다는 답변을 기어코 얻어냈습니다. 언뜻 잡지사를 상대로 무모한 컴플레인일 수도 있지만 그때 제 의심은 맞는 것이었고 골프를 그렇게 배우고 또 그렇게 연습을 하면 안 된다는 사실을 다시 한 번 확인하는 계기가 되었습니다. 지나온 10여 년 동안 골프를 잘못 이해하고 또한 잘못 연습한 통한의 한숨이 내쉬어지더군요.

우리는 골프 선생을 만나지 않고서도 각종 레슨서와 골프잡지를 통해서 스윙에 대한 정보를 얻을 수 있습니다. 그리고 방송매체의 레슨 프로그램들과 넘쳐나는 인터넷 정보를 통해서도 얼마든지 찾아볼 수 있습니다. 큰 돈 들이지 않고 쉽게 정보를 얻을 수 있어 편리한 세상입니다. 하지만 우리는 이런 매체를 맹목적으로 신뢰하는 경향이 있습니다. 책에 나온 이야기는 모두 사실을 이야기하는 것 같고, 방송에서 나오는 이야기 또한 모두 믿어야 할 것 같습니다만, 여기에는 큰 함정이 있습니다.

첫 번째로는 공신력 있는 매체라 해서 모두 맹목적으로 신뢰하면 안 된다는 것입니다. 책이라 해도 사람이 지은 것이고, 그 많은 책들이 전부 제대로 된 검증 시스템을 거치는 것은 아닙니다. 방송 프로그램 역시 마찬가집니다. 물론 검증된 사람을 통해 진실한 내용을 다루기도 하지만 그렇지 않은 경우가 많다는 점에 주목해야 합니다. 심지어는 참 어이없는 내용으로 방송을 하는 경우도 있더군요. 뭐 제가 쓴 이 책도 누군가 검증을 하진 않을 테니 맹목적으로 믿지는 않으셔야 합니다.

두 번째는 나에게 꼭 필요한 맞춤형 정보를 주지 않는다는 것입니다. 책과 방송은 정작 나에게 문제가 되고 개선해야 할 점을 모른다는 것이죠. 문제는 다른 곳에 있는데 잘하고 있는 부분을 괜스레 건드려 긁어 부스럼을 만들기도 합니다. 마치 소화가 안 되는 사람한테 두통약을 먹이고, 변비로 고통 받는 사람에게 지사제를 먹이는 격입니다.

저 또한 책의 내용을 참고로 많은 연습을 했습니다. 제가 읽은 많은 책은 골프 스윙을 어드레스부터 피니시까지 몇 단계로 나누고, 각 단계별로 참 친절하고 세세한 설명을 하고 있습니다. 이처럼 꼼꼼하게 설명이 잘 되어있으니 '참 좋은 책이구나!'라고 여기기까지 했습니다. 지금 생각해보면 정말 웃음이 나옵니다. 웃지만 웃는 게 아닙니다. 이러한 책과 매체들 역시 앞서 언급한 레슨의 불편한 진실을 양산해내는 주범이 될 수 있습니다. 골프를 바라보는 관점을 잘못 가질 수 있으니 정보를 받아들일 때는 주의가 필요합니다.

'다 안다'는
자기 함정

여러분은 골프를 얼마나 알고 있다고 생각하십니까? 이것은 '안다'라는 기준에 따라 다를 수 있겠죠. 라운드를 몇 번 나가보고 골프를 해봤으니까 어느 정도 안다고 생각할 수 있겠지만, 만년 2인자라 불렸던 '필 미켈슨' 같은 세계 최고 수준의 골퍼도 "골프를 아직도 모르겠다"라고 말할 지 모릅니다.

   이번 강의는 제법 실력을 갖춘 중·상급자 이상의 골퍼들에게 해당되는 이야기입니다. 골프 실력이 상당한 수준에 올랐지만 뭔가 2% 부족한 골프 그리고 그 2%가 무엇인지 모르는 사람들 그리고 그 2%를 인정하고 싶지 않은 사람들에게 드리는 고언 정도가 되겠네요. 사실 이런 사람들은 아무리 이야기를 해줘도 들으려 하지 않습니다. 그저 잔소리로만 여기니 마땅한 약이 없습니다. 그냥 스스로 시행착오를 거치도록 가만히 두는 것이 나을 수도 있지만 그래도 저는 필사의 노력을 해보고자 합니다.

   다음은 어느 골프장에서 만든 골프백서의 일부입니다.

내공	핸디캡	등급
神(신)	0~4	인간의 범주를 벗어나 신의 경지로 들어간 초월적 존재.
超人(초인)	5~9	절대 무적의 강자로 지존급의 초절정 고수.
達人(달인)	10~13	나름대로 경지에 도달한 자로 가정을 포기해야 얻을 수 있는 자리.
高手(고수)	14~18	수년간의 연습과 실전을 통해 마치 대단한 고수가 된 듯한 착각에 빠져 기고만장한 단계.
中手(중수)	19~22	허구한 날 뭔가를 깨달아 이제는 다된 것 같은 몽상에 빠진 집단.
平民(평민)	23~27	폼은 잡으나 항상 돈으로 메우는 수준.
下手(하수)	28 이상	입문 초기로 핍박과 서러움에 한 맺힌 자리.

여러분의 내공은 어느 정도인가요? 여기서 제가 주목하고 싶은 단계는 바로 '고수(高手)'입니다. '수년간의 연습과 실전을 통해 마치 대단한 고수가 된 듯한 착각에 빠져 기고만장한 단계!' 말이 고수이지 사실 헛 고수입니다. 구력도 어느 정도 되는 것 같고, 레슨도 받을 만큼 받았고, 연습도 할 만큼 했고, 돈도 잃을 만큼 잃어봤고, 레슨서적도 볼 만큼 봤고, 싱글 한 번 쳐보고는 마치 평균스코어인 마냥 으스대고, 백돌이들 데리고 다니면서 목에 힘주고 다니는 단계! 마치 골프 고수가 된 듯한 착각에 빠져 있는 사람들입니다. 이런 사람들은 골프를 '다 안다'고 생각하고는 자신이 무엇을 더 알아야 하고 무엇을 모르고 있는지를 모릅니다.

마치 우물 안 개구리처럼 동그란 하늘이 세상의 전부인 줄 아는 사람들이죠. 여러분은 혹시 이 우물 안의 개구리는 아닌가요? 이 질문에 여러분은 과연 얼마나 정확한 대답을 할 수 있다고 생각하시나요? 그 대답이 과연 정확한 답일까요? 아마도 이 글을 읽는 순간에도 김 사장님께서는 '나에게 해당되는 이야기는 아니다'라고 발뺌할 것입니다.

기고만장한 단계에 있는 사람들은 그래도 남들한테는 '골프 좀 친다'는 소리를 듣습니다. 그래서 더 함정에 빠지기가 쉬울 수도 있습니다. 그러나 본인들이 가만히 진지하게 생각해보면 더 올라가고 싶은 곳은 분명히 존재합니다. 그리고 본인에게 부족한 것이 있음을 어렴풋이 느낍니다. 다만 인정하려 들지 않는다는 것이 문제입니다. '다 안다'라는 자기 함정에 빠져있는 것입니다. 선수든 아마추어든 말이죠. 그래서 이렇게 토를 답니다.

좀 더 연습을 한다면
좀 더 운이 좋다면
좀 더 임팩트가 좋아진다면
좀 더 스윙이 좋아진다면
좀 더 쇼트게임이 좋아진다면
좀 더 자신감이 생긴다면
좀 더 집중할 수 있다면
좀 더 라운드를 해본다면…….

쇼트게임
어프로치와 퍼팅.

좀 더, 좀 더 뭘 그렇게 '좀 더'를 찾는지 모르겠습니다. 만약 이런 류의 생각을 가지고 있다면 '골프를 다 안다'고 생각하지 말고 '모르는 것이 있다'는 사실을 인정해야 합니다. 도저히 인정할 수 없다는 분은 가정이라도 하고 출발해야 합니다. 언더파도 기록해보고 70대를 쳤었던 저 역시 '골프를 아직 모른다'라고 인정을 했기에 비로소 더 발전할 수 있는 변화의 계기를 가질 수 있었습니다.

이것은 투어를 뛰는 프로선수들도 마찬가지입니다. 프로선수들 중에는 투어는 뛰지만 매 시합마다 예선탈락을 걱정해야 하고, 차기 년도 출전권을 획득할 수 있냐 없냐를 걱정해야 하는 부류의 선수들이 있습니다. 이 선수들은 스스로 열심히 최선을 다했다고 생각함에도 불구하고 왜 그들이 예선에서 탈락하는지, 왜 우승컵을 들지 못하는지 그 이유를 알지 못합니다. 인지하지도 못할 뿐더러 인정하려들지도 않는다는 데 큰 문제가 있습니다. 이는 현역 투어 프로선수들을 상대로 한 멘탈코칭(Mental coaching, 심리상담) 과정에서 쉽게 볼 수 있었던 문제입니다.

선수들이 이런데 하물며 아마추어는 어떻겠습니까? '모르는 것이 있다'는 것을 인정해야지만 비로소 그 모르는 것을 알 수 있는 가능성이 존재하게 됩니다. 그러나 모르는 것이 있는지 없는지도 모르고, 분명히 모르는 것을 '다 안다'고 떼를 쓴다면 그것을 깨우칠 수 있는 가능성은 0%가 됩니다. 평생 영원히 모를 수밖에 없는 경지에 다다르는 것이죠. 그래도 골프를 '다 안다'고 이야기할 참인가요?

부처님 예수님 공자님도 모두 골프 선생님

골프를 잘 치기 위해서는 꼭 골프 선생을 통해 배우는 것만이 능사가 아닙니다. 인생이 그러하듯이 누구한테 배운다고 해서 잘 사는 것도 아닙니다. 정답을 알려줘도 자기 잘났다고 하는데 도통 방법이 없습니다. 실패를 거듭하고 오랜 경험을 한 후에야 깨달을 것입니다. 깨닫는 사람은 그래도 다행입니다. 어떤 분야든 10년은 해야 전문가가 된다는 말이 있습니다. 그 오랜 시간은 바로 시행착오와 자기반성의 세월이 아닌가 합니다. '다 안다.' 생각만 하고 자신이 무엇을 모르는지 알 길이 없는 사람들이 이러한 과정에 있는 사람들일 것입니다.

이런 사람들을 깨우치기 위해 성경은 조용히 일러줍니다.

누가복음 14장 11절
"무릇 자기를 높이는 자는 낮아지고 자기를 낮추는 자는 높아지리라 하시니라."
→ 무릇 자기를 고수라고 잘난척하는 자는 쌍 OB가 날 것이고, 자기를 하수라고 말하는 자는 베스트를 칠 것이다.

**로마서
12장 16절**

"높은데 마음을 두지 말고 도리어 낮은데 처하며 스스로 지혜 있는체하지 마라."

→ '다 안다'고 생각하지 말고 도리어 모르는 것을 갈망하고 스스로 고수행세 하지 마라.

**고린도후서
13장 5절**

"너희가 믿음에 있는가? 너희 자신을 시험하고, 너희 자신을 확증하라."

→ 너희가 골프를 '다 안다'는 믿음이 있는가? 너희 자신에게 되묻고 언더파 한번 쳐봐라.

**시편
19편 12절**

"자기 허물을 능히 깨달을 자 누구리요. 나를 숨은 허물에서 벗어나게 하소서."

→ 저거 싱글 쳤다고 뻥치는 놈 능히 깨달을 자 누구리요. 저놈을 알 까는 유혹에서 벗어나게 하소서.

**잠언서
12장 15절**

"미련한 자는 자기 행위를 바른 줄로 여기나 지혜로운 자는 권고를 듣느니라."

→ 훈수 두고 싶어 입이 간지러운 자는 자기 골프가 바른 줄로 여기나 진정한 고수는 말을 아끼느니라.

공자님도 한 말씀 하십니다.

子曰, 由! 誨女知之乎! 知之爲知之, 不知爲不知, 是知也.
자왈, 유! 회녀지지호! 지지위지지, 부지위부지, 시지야.

뜻을 풀이해보면 이렇습니다.

유(子路)야! 내가 너에게 '안다'는 것이 무엇인지 가르쳐주겠다. '아는 것을 안다'고 하고 '모르는 것을 모른다'고 하는 것. 이것이 '참으로 아는 것'이다.

공자님의 여러 제자들 중 자로(子路)라는 제자가 있습니다. 이 제자는 성격이 거칠고 용감한 것을 좋아합니다. 그래서인지 늘 알지 못하는 것을 억지로 안다고 하는 못된 버릇이 있습니다. 보다 못한 공자님께서 이렇게 다소곳이 일러준 것입니다.

'모르는 것을 모른다'고 말할 수 없는 사람이 바로 우물 안 개구리 같은 사람들입니다. 까마득한 미지의 영역이기 때문입니다. 이런 사람들한테 무슨 소리를 한들 들기나 하겠습니까? 우이독경(牛耳讀經)이라는 말이 그래서 나왔나 봅니다. 이것이 우리네 중생의 삶이고 우매한 군중의 소식 아니겠습니까? 이런 미지의 영역을 우리 중생들은 어떻게 깨우쳐야 할까요? 이것이 바로 홍역을 치러야 할 우리의 숙제이고 이 책이 바라는 궁극적인 목표이기도 합니다. 제가 겪었던 것처럼 고민하고, 가슴 아파하고, 자포자기 상태에서 채를 내팽개치듯 붓을 치는 것은 너무나 힘든 과정입니다. 10여 년 동안 생각해왔던 것을 일순간에 바꾸는 게 어디 쉬운 일인가요?

자신이 생각할 수 없는 미지의 영역을 깨우치기 위해서는 우물 안 개구리가 밖으로 나가듯 수많은 고통과 노력이 필요합니다. 과연 내가 무엇을 모르고 있을까? 궁리하고 또 궁리하고, 마치 '우주의 끝에는 무엇이 있을까? 끝이 있다면 그 뒤에는 또 무엇이 존재할까?' 이렇게 생각의 꼬리를 물고 고민해야 합니다. 그렇게 궁리하여 비로소 궁리의 끝을 확인할 때, 우리는 그것을 '깨달음'이라고 이야기합니다. 우리의 성현(聖賢)들이 수천 년 동안 찾아 헤매던 바로 그것입니다. 예수가 그랬고 석가모니가 그랬고 공자가 그랬습니다.

진리에 이르는 경지! 해탈과 영생에 이르는 그곳! 바로 '참으로 안다는 것' 아니겠습니까? 인간의 속세적(俗世的)인 모든 속박, 괴로

움, 고뇌로부터 벗어나 자유롭게 되는 상태! 이것이 바로 진정한 골프 고수의 경지입니다. 아마도 부처님께서 골프를 치셨으면 타이거 우즈를 뛰어넘는 이 시대 최고의 골퍼가 되지 않았을까요? 골프가 이렇게 철학적인 생각과 깨달음이 있어야 고수가 될 수 있기 때문에 '골프는 수행의 과정이다'라는 말을 하는가 봅니다.

성철스님이 법어 중 한 말씀을 띄워보겠습니다.

"부처님의 깨달음이 사방에 두루 비추니
고요한 것과 없어지는 것은 둘이 아니며
보이는 온갖 세상은 관세음보살의 자비요
들리는 소리는 아름답고 훌륭한 소리인지라
보고 듣는 이 밖에 진리가 따로 없으니
여기에 모인 법우님들은 알겠는가?
산은 산이요, 물은 물인 것을……."

저와 같은 중생이 스님의 이 깊은 뜻을 얼마나 헤아릴 수 있겠냐마는 나름의 궁리를 해봅니다.

진리는 따로 있는 것이 아니라
눈앞에 보고 듣는 삼라만상,
있는 그대로가 진리이니라.
그것을 아는 것이 곧 '깨달음'이니라.

골프 잘 치는 방법이 따로 있는 것이 아니라
눈앞에서 보고 듣고 바로 할 수 있는 것,
그냥 냅다(본능으로) 공을 칠 수 있다면
그것이 진리이니라.
그것이 곧 '깨달음'이니라.

제3장

'질적 연습'이란 무엇인가?

이 장에서는 골프에서 간과할 수 있는 숨은 속성을 되짚고 보다 효율적인 연습 방법을 제시합니다.

> 스윙은 '휘두르는 동작'이고,
> 샷은 '목표를 향해 쏘는 일'이다.

스윙의 개념

3장 | '질적 연습'이란 무엇인가?

01

좀 어려운 이야기를 했더니 머리가 아프네요. 여러분도 쫓아 오느라 힘드셨죠? 조금만 더 따라 오시면 진정한 고수로 갈 수 있는 길이 보일 것입니다. 희망을 가지세요. 앞선 강의는 좀 심오한 이야기였지만 골프를 치는 사람들이라면, 또는 골프를 잘 치기 원한다면 누구나 한 번쯤 겪어야 할 시련이라고 생각합니다. '아픈만큼 성숙한다'는 말이 있잖아요. 고민하고, 아파하고, 궁리하는 과정이 없으면 절대 고수가 될 수 없습니다. 부디 힘내시기 바랍니다.

골프를 잘하기 위해 '연습만이 살길이다!' 하고 무조건 연습만 파는 사람들이 있습니다. 이들이 바로 '눈물나는 골프'를 하기 쉬운 경우입니다. 노력한 만큼의 결과가 나온다면 다행이겠지만 그렇지 않다면 상처로 돌아오기 때문입니다. 골프는 다른 스포츠와 달리 골프만이 가지는 특별한 속성 때문에 연습량과 그 결과가 꼭 비례한다고 말할 수 없습니다. 심지어는 "연습은 하면 할수록 안 되고, 오히려 연습을 안 하고 필드에 나가면 더 잘 된다"는 말을 하는 분들도 더러 있습니다. 이러한 현상은 골프의 속성을 올바르게 파악하지 못한 결과이고 그에 따른 올바른 연습이 안 되었기 때문입니다.

그 올바른 연습이라 함은 '질적 연습'에 해답이 있습니다. 연습장에서 공 하나를 치더라도 바른 생각에서 나오는 스윙이 필요합니다. 단순히 양으로만 승부하려는 연습은 아무리 많은 노력을 한다 해도 하나마나한 것이 되기 쉽습니다. 그래서 '골프 연습=질적 연습'이라는 등식을 우선 생각해야 합니다. 양적 연습만을 고집하시는 김 사장님께는 차라리 헬스장 쿠폰을 끊어 드리고 싶네요.

골프에서 질적 연습을 이해하기 위해서는 우리가 흔히 일컫는 '스윙'과 '샷'의 대한 개념을 명확하게 알아야 합니다.

골프를 즐기는 사람들은 스윙감이 좋으면 세상을 다 얻은 것 마냥 기뻐합니다. 반대로 스윙감이 좋지 않으면 세상 다 산 사람처럼 풀이 죽기도 합니다. 스윙 한 번 제대로 배워보겠다고 이 선생 저 선생 찾아 연습장을 옮기는 것도 마다하지 않고 열심히 다니기도 합니다. 도대체 골프가 뭐라고 우리는 스윙 때문에 웃고 스윙 때문에 스트레스를 받아야만 할까요? 매일 매일 연습하고 배우는 스윙! 골프에서 '스윙'은 도대체 무엇을 의미하는 것일까요? 여러분은 어떤 대답을 하시겠습니까? 여기서 잠깐 멈추고 한번 생각해보시죠.

우리는 '스윙'이라는 말을 아주 흔하게 씁니다. 이 말은 골프를 하는 사람들이 가장 많이 쓰는 말이라 해도 과언은 아니겠네요. 너무나 자주 쓰는 말이지만 우리는 그 의미를 정확하게 알지 못합니다. 뭐 쉽다면 쉽고 어렵다면 어렵습니다.

언젠가 지방의 한 대학에서 교수님들을 상대로 골프 특강을 했습니다. 각 전공의 교수님들이 20여 명 정도 앉아 계셨죠. 제가 감히 그분들께 "골프에서 스윙을 무엇이라고 생각하세요?"라는 질문을 던졌습니다. 역시나 다양한 답변들이 나옵니다. 스윙은 흔드는 것이다, 던지는 것이다, 몸통을 회전하는 것이다, 헤드업을 안 하는 것이다, 폼이다, 허리를 돌리는 것이다, 끌고 내려오는 것이다, 회전운동을 직선운동으로 바꾸는 것이다 등등. 뭐 별의별 답변들이 다 나왔습니다. 골프를 배웠고 적어도 골프를 몇 년씩 하셨다는 분들의 답변이 어떻게 이렇게 다를 수 있을까요? 이것은 분명 우리나라 골프 교육에 문제가 있는 것입니다.

우리나라의 교육 문제를 이야기하니까 한 가지 더 하소연하고 싶은 것이 있네요. 바로 영어 교육입니다. 우리의 영어 교육은 문법 위주의 교육이었습니다. 한 문장을 갈기갈기 찢고 뜯어서 문법이 어쩌고, 단어가 어쩌고, 전치사가 어쩌고, 동사, 형용사, 관사, 동명사, 분사, 관계부사, 관계대명사······. 우리는 우리 아이들에게 말을 가르칠 때 주어가 어쩌고 동사가 어쩌고 하면서 가르치지 않습니다. 반복해서 들려주고 알려주고 그러다 보면 어느새 그런 단어까지 배웠나 싶을 정도로 빠르게 배워나갑니다. 미국사람이라고 자기네 아이들한테 주어, 동사 찾아가면서 말을 가르칠까요? 지나가는 개가 웃을 일입니다. 우리는 이렇게 잘못된 교육인 줄도 모르고 열심히 'to부정사'의 부사적, 명사적, 형용사적 용법만 외워왔죠. 중고등학교 6년 동안 영어 교육을 받았음에도 불구하고 외국인을 만나면 도망가고 싶은 마음뿐입니다. 이 얼마나 안타까운 일입니까?

우리나라의 잘못된 영어 교육의 현실은 바로 골프 교육에 그대로 적용됩니다. 앞서 이야기를 했습니다만 골프를 잘못 배우게 되면 스윙을 전체적으로 보지 못하고 세세히 뜯어서 연습을 하게 됩니다. 이것이 바로 한국인에게 '영어 울렁증'이 있듯이 '골프 울렁증'이 유발되는 원인입니다. '골프보다 어려운 운동이 없다'는 말이 이것을 반증하고 있습니다. 그렇다면 '스윙이 무엇이냐?'는 질문에 어떠한 답이 어울릴까요? 일단 사전적 의미를 살펴봅니다.

스윙 ···(명사)

1. 〈운동·오락〉 권투에서, 팔을 옆으로 크게 휘둘러 상대편을 치는 동작.
2. 〈운동·오락〉 야구에서, 타자가 배트를 휘두르는 동작.

출처 | Naver 국어사전

swing ···(동사)

1. (전후·좌우로) 흔들리다[흔들다].
2. (고정된 무엇을 잡고 몸을 흔들어) 휙 움직이다[돌다].
3. (완만한 곡선을 그리며) 빙 돌다[돌리다].
4. (갑자기) 방향을 바꾸다, (방향을) 휙 돌리다.
5. 후려치려고 하다, 휘두르다.

swing ···(명사)

1. (전후·좌우·율동적으로) 흔들기; (주먹·배트 등을) 휘두르기, 스윙.
2. 그네.
3. (골프의) 스윙.

출처 | Naver 영어사전

찾는 김에 한국어와 영어 모두 찾아보았습니다. 휘두르고, 돌리고, 빙 돌리고, 흔들고, 그네도 보이고, 어떤 움직임인지 대략 감이 잡히나요? 연상이 되나요? 그렇습니다. 정지된 영상이 아닌 어떠한 움직임이 상상된다면 그것이 정답입니다. 따라서 <mark>골프에서 스윙이라는</mark>

개념을 정리해보자면 그것은 '공을 치기 위해 휘두르는 동작'으로 이야기할 수 있습니다. 여러분들은 어떤 것을 생각해보셨나요? 답이 너무 싱거웠나요?

골프를 이해하기 위해서는 '스윙'이라는 현상에 대해서 왜곡되지 않게 볼 수 있어야 합니다. 있는 그대로의 모습을 보아야 한다는 말이죠. 또한 본질을 찾은 후에 응용이라는 과정으로 발전시킬 수 있기 때문입니다. 스윙의 본질적 모습을 보지 못한 상태에서 화려한 기술만 갈망한다면 애당초 답을 낼 수 없는 문제만 붙들고 있는 꼴이 되고 맙니다. 자, 그럼 '스윙'의 개념은 이렇게 정리를 해보고 다음 단계로 넘어가보겠습니다.

3장 | '질적 연습'이란 무엇인가?
02　　　　　　　　샷의 개념

스윙의 개념이 이해가 되었다면 한 가지 질문을 더 던져보겠습니다. 우리는 간혹 '스윙'이라는 말 대신 '샷(Shot)'이라는 말을 쓰기도 합니다. 필드에서 공을 아주 잘 쳤을 때 '나이스 샷!' 또는 '굿 샷!'을 외쳐주죠. 그렇다면 '샷'은 또 무엇일까요? '샷'과 '스윙'은 어떤 차이점이 있을까요? 얼핏 같은 의미인 것 같지만 뭔가 뉘앙스는 다릅니다. 궁리를 좋아하는 제가 또 공상을 해봅니다. 여러분도 한번 궁리를 해보시는 것이 어떨는지요? 이 문제는 골프를 이해하는 핵심입니다. 두 단어를 별 생각 없이 써왔겠지만 곰곰이 생각해보시기 바랍니다. 깊이 생각하는 시간을 가져야 알아가는 맛이 깊어진답니다. 그럼 다시 사전을 찾아보겠습니다.

shot … (명사)

1. (총기) 발사, 발포; 총성, 포성.
2. 총을 잘/잘못 쏘는 사람 등.
3. (산탄총의) 산탄.
4. 포탄.
5. (토론 등에서 상대방을 겨냥해서, 보통 연이어, 하는) 말[행동].

6. 시도.
7. (농구·축구 같은 구기에서) 슛.
8. (포환던지기에 쓰이는) 포환.
9. 사진.
10. 쇼트(영화에서 한 대의 카메라가 계속해서 잡는 장면).

출처 | Naver 영어사전

첫 번째로 '발사', '발포'한다는 내용이 보입니다. 이 의미가 바로 '굿 샷', '나이스 샷'에서 쓰는 의미인 것 같죠? '스윙'은 휘두르는 동작! '샷'은 발사의 의미! 여러분은 그 차이를 느낄 수 있겠습니까? 이번엔 '발사'와 '발포'를 찾아보겠습니다.

발사 …(명사)
활·총포·로켓이나 광선·음파 따위를 쏘는 일.

발포 …(명사)
총이나 포를 쏨.

출처 | Naver 국어사전

뭐 그냥 '쏘다'라는 의미네요. 이번엔 '쏘다'를 찾아보죠.

쏘다 …(동사)
1. 활이나 총, 대포 따위를 일정한 **목표를 향하여 발사**하다.
2. 말이나 시선으로 상대편을 매섭게 공격하다.
3. 벌레가 침과 같은 것으로 살을 찌르다.

출처 | Naver 국어사전

드디어 나왔습니다. 뭐가 나왔냐고요? 바로 '목표' 되겠습니다. 이 목표도 한번 찾아보고 싶지만 여러분의 몫으로 남겨두겠습니다. 더 찾아보다간 책을 덮으실 분이 있을 것 같아서요. 자, 그럼 정리를 해보겠습니다.

3장 | '질적 연습'이란 무엇인가?

> '스윙'은 '휘두르는 동작'이고, '샷'은 '목표를 향해 쏘는 일'입니다.

이의 없으시죠? '목표'는 '표적'이나 '타깃(Target)' 등과 같은 말로 바꿔도 괜찮겠네요. 제가 이렇게 집요하게 파고드는 이유는 이렇습니다. 스윙은 단순히 공을 치기 위해 '휘두르는 동작'을 말합니다. 그렇다면 '샷'은 무엇이냐? 샷이 스윙과 다른 점이 있다면 바로 목표가 있다는 것입니다. 정확히 풀어서 이야기하자면 샷은 '표적을 두고 휘두르는 동작', '단순히 동작에 집착하기보다는 되도록 표적을 향해 쏘는 일'입니다. 뭐 글자 하나 차이 가지고 뭐가 그렇게 중요하냐고 반문을 하는 분들도 있겠습니다만 이것을 이해한다면 골프 고수로 갈 수 있는 초석이 마련되지 않을까 생각합니다. 이 표적이 있어야 그토록 강조한 질적 연습이 시작되거든요. 이제 필드에서 상대방이 잘 쳤을 때 '굿 스윙!'이라고 하지 않고 '굿 샷!'이라고 하는 이유를 감 잡으시겠습니까?

골프에서 표적을 등한시하는 이유

양궁을 한번 생각해보죠. 양궁 연습을 하는데 아무런 표적 없이 아무 데나 쏘는 것을 상상해보세요. 그냥 허공에다 쏘는 것입니다. 양궁 하는 사람들이 본다면 이것은 상식 밖의 행동입니다. 정말 이렇게 연습한다면 무슨 의미가 있겠습니까? 그냥 활시위만 당겼다 놓는 근력훈련일 뿐입니다.

골프 스윙도 마찬가지입니다. 표적이 없는 스윙 역시 공을 때리는 근력훈련에 불과합니다. 그러나 동네골프를 하는 사람들은 이 사실을 까마득히 인지하지 못합니다. 양궁에서의 표적은 거론하기도 구차한 당연한 사안이지만 골프에서는 당연하게 생각하지 못합니다. 왜 그런 것일까요? 두 가지 정도를 예로 들 수 있습니다.

첫 번째는 인식의 오류입니다. 즉, 골프에서 배우는 모든 기술적 동작은 표적을 향해, 표적으로 쏘기 위한 동작이라는 사실! 그 원초적인 인식이 없기 때문입니다. 예를 들자면, 양궁을 배우는 동작이 아무리 어려운 동작이라 하더라도 결국 표적에 잘 쏘기 위한 것입니다. 사냥을 할 때도 역시 목표물을 맞힐 수 있느냐 없느냐 하는 문제입니다. 이와 같이 골프든 양궁이든 모든 사전 동작이 표적에 집중하려는 노력으로 귀결되지 않는다면 아무런 의미가 없습니다. 골프에서 이러한 인식을 하지 못하는 이유는 쏘는 순간 표적을 보지 않기 때문입니다. 사격이나 양궁은 눈으로 직접 표적을 주시하고 쏘는 반면, 골프는 땅을 쳐다보고 합니다. 그리하여 표적 따위는 신경 쓸 겨를 없이 동작 만들기에만 급급하게 되는 것입니다.

두 번째는 우리의 연습환경에 있습니다. 그것은 타석 매트가 직사각형이라는 것입니다. 직사각형의 매트에서 오는 병폐는 골퍼로 하여금 표적을 정함에 있어 수동적 태도를 가지게 만듭니다. 우리는 어드레스를 취할 때 사각의 면에 따라 평행으로 섭니다. 아무 생각 없이 습관적으로 말이죠. 당연히 표적은 안중에도 없습니다. 평행으로 잘 서기만 하면 그것으로 바르게 섰다고 착각하게 됩니다. 직사각 매트가 향하고 있는 표적을 한번이라도 확인한다면 그나마 다행입니다. 그러나 이것 역시 표적을 정함에 있어 바람직하지 않은 수동적인 태도입니다. 이와 같이 직사각의 타석 매트에는 표적 없는 골프 연습을 당연시하게 만드는 함정이 숨어 있습니다.

저는 사각의 매트를 아주 싫어합니다. 사각 매트로 인한 또 다른 오류가 있기 때문입니다. 한번 자신의 경험을 떠올려보세요. 먼저 샷을 하기 전, 표적을 정한 후에 샷을 할 것입니다. 하지만 샷을 하는 순간, 집중하려는 표적과 바닥의 공으로 연결되는 상상의 라인은 매트의 직사각 라인으로 인해 시각적 방해를 받습니다. 표적에 집중을 못하게 만드는 것이죠. 이것은 사각 매트가 놓인 실제 티잉그라운드에서 많이 겪는 오류로 억울한 미스샷을 유발시키곤 합니다. 잔디관리를 이유로 우리나라 골프장에서 간간이 볼 수 있는 그러한 티잉그라운드 매트를 말하는 것입니다.

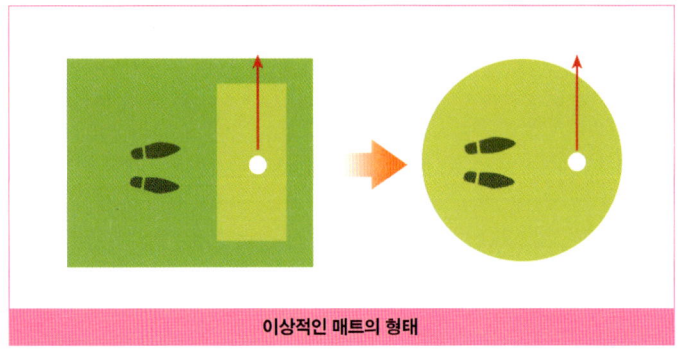

이상적인 매트의 형태

따라서 저는 골프 선생의 견해로 이러한 형태의 매트를 주장하고 싶습니다. 이런 매트에서 연습을 하면 좀 더 표적에 집중하지 않을까요?

골프 황제 타이거 우즈의 샷을 보면 표적을 자꾸만 째려보는 행동을 하는 것을 볼 수 있습니다. 마치 굶주린 하이에나의 눈빛과 같습니다. 어떤 특별한 행동 없이 한동안 보내고자 하는 곳만 주시합니다. 온몸을 표적에 집중시키는 것입니다. 이때가 바로 마음속에 표적을 그려 넣는 순간이기도 합니다. 타이거 우즈가 이러한 능력에 탁월하기 때문에 집중력이 가장 좋다고 이야기할 수 있고 골프 황제가 될 수 있었는지도 모릅니다.

이제 '스윙'과 '샷'의 개념을 제대로 이해하셨나요? 휘두르는 스윙은 하되 표적이 없는 스윙은 팥소 없는 찐빵이요, 필터 없는 정수기입니다. 물론 골프를 처음 배울 때부터 샷을 할 수는 없습니다. 일단 표적 없이 하는 스윙을 배운다 하더라도 어느 정도 스윙이 된다하면 바로 목표를 향해 쏘는 일을 시작해야 합니다. 제가 이렇게 '목표를 향해 쏘는 일'을 강조하는 이유는 이렇습니다. 표적이 있는 스윙에서는 마치 몸에 어떤 호르몬이라도 분비되는 듯 온몸의 감각과 신경이 표적을 향해 반응한다는 것입니다. 그래야 실수를 하더라도 목표한 바에서 크게 벗어나지 않게 되고 공을 몰고 다닐 수 있는 능력이 생깁니다. 쌍 OB를 자주 때리는 분, 뒤땅을 밥 먹듯 치는 분, 자신도 도무지 알 길 없이 공이 엉뚱한 곳으로만 다니는 분이라면 지금의 이 강의를 곱씹어보시기 바랍니다.

3장 | '질적 연습'이란 무엇인가?

03 하나의 표적, 하나의 클럽

이제 '스윙'과 '샷'의 차이점을 이해하셨으리라 믿습니다. 이해가 안 되셨다면 다시 한 번 돌아가서 생각해보시기 바랍니다. 그만큼 이 차이는 골프를 이해하는 아주 중요한 부분입니다. 그럼 이제 질적 연습을 어떻게 해야 할지 본격적으로 생각해보겠습니다.

▶ 표적을 바꾸자

질적 연습의 기본은 샷 연습입니다. 앞서 배운 바와 같이 보내고자 하는 표적이 항상 있어야 된다는 말입니다. 그러나 표적이 항상 있다고 해서 한 군데만 정해놓고 치면 또 안 됩니다. 우리 뇌는 환경에 적응이 되면 게을러지는 습성이 있기 때문입니다. 인간이 낯선 환경에 뚝 떨어진다면 일단 생존을 위해 필사의 노력을 할 것입니다. 그러나 그것이 해결된다면 아마도 놀고 즐길 것을 찾을 게 분명합니다. 연습장에서도 마찬가지입니다. 한 군데의 표적에 적응이 되면 우리 뇌는 표적에 대한 상(像)을 점점 희미하게 가집니다. 그렇게 되면 표적에 민감하게 반응해야 할 온몸의 감각과 신경이 놀고 즐길 것을 찾을 것입니다. 연습의 질적 효과를 점점 떨어뜨리게 만든다는 이야기입니다.

무조건 연습만 많이 하면 실력이 늘 것이라고 생각하는 사람들이 있습니다. 이 사람들이 바로 표적에 반응하는 훈련을 등한시하기 쉽고 근력 훈련만 하게 될 가능성이 큽니다. 아마도 이런 사람들이 필드에 나가면 스코어에 대한 답답한 마음을 금할 길이 없을 것입니다. 노력은 타이거 우즈 뺨치게 했는데 결과는 그만큼 따라오지 못하는 것이죠.

따라서 매 샷마다 표적을 바꾸자는 것은 '시각으로 입력된 정보에 새롭게 반응하자.' 또는 '뇌에 계속적인 자극을 주자'는 말로 이해해야 합니다. 사실 이렇게 매번 다른 표적에 반응시켜 연습하는 것은 꽤나 귀찮은 일입니다. 뇌를 새로운 정보에 반응시키는 것 자체가 정신적 에너지를 소비시키는 일이기 때문입니다. 쉽게 말해 힘든 것을 피하려는 인간 본연의 습성 때문이라고도 할 수 있습니다.

🚩 클럽 길이에 변화를 주자

매번 표적을 바꿔서 연습하는 것은 질적 연습의 시작에 불과합니다. 여기에 연습의 질적 효과를 더욱 높이고 싶다면 클럽의 길이에 변화를 주는 방법이 있습니다. 가령, 드라이버*로 계속 공을 치다가 아이언으로 바꾸게 되면 다시 적응기가 필요하다는 생각이 들 때가 있습니다. 또 아이언으로 치다가 드라이버를 치게 되면 또 다시 잘 안 맞는 경우가 생기죠.

이것은 우리 몸이 일단 하나의 클럽에 적응이 되면 이와 다른 길이의 클럽에는 둔하게 작용하는 현상입니다. 특히 초보자들에게 자주 나타납니다. 이런 경우를 겪는 초보 골퍼님들은 "갑자기 길어져서 못

드라이버
골프클럽 중 가장 거리가 많이 나가는 1번 우드.

3장 | '질적 연습'이란 무엇인가?

치겠어!", "이놈의 골프 이래서 어떻게 치나?" 하고 하소연을 합니다. 그리고는 오히려 바꾸기를 꺼려하는 경우도 있습니다. 연습을 거꾸로 하는 것이죠.

필드에서의 상황을 생각해보세요. 공이 놓인 자리에서 오직 빈 스윙으로 감을 살려내야 합니다. 그리고 우리는 매번 단 한 번의 샷으로 해결해야 합니다. 뭐 옆집에 사는 김 사장님 같은 분은 OB가 많이 나니 한 번씩 더 치겠습니다만, 연습장에서처럼 주구장창 치면서 스윙감을 잡아갈 수는 없는 노릇입니다. 우리는 이렇게 필드에서의 게임 특성 때문에 매번 달라지는 클럽 길이에 적응하지 않으면 안 됩니다. 연습장에서처럼 한 클럽에 길들여지는 연습을 하면 오히려 해가 될 수 있음을 짐작케 하는 대목입니다. 적응해야 하고 길들여질 것이 있다면 변화하는 클럽 길이에 기민하게 대처해야 합니다.

클럽을 매번 바꾸는 건 꽤나 귀찮은 일입니다. 앞서 표적을 바꾸는 것처럼 말이죠. 그러나 인생에 있어서도 '젊어서 고생은 사서 한다'는 말이 있습니다. 어렵고 힘든 일 혹은 많은 경험 속에 인생의 지혜가 있다는 어른들의 정성어린 충고입니다. 골프 연습도 마찬가지입니다. 연습을 편하게만 하려 든다면 실력향상은 더 이상 없을 것입니다.

🚩 하나의 표적, 하나의 클럽

이제 질적 연습의 개념이 이해가 되신다면 구체적인 연습 방법을 제시해 보겠습니다. 연습장에는 보통 그물을 씌우기 위한 많은 기둥들이 있는데 이 기둥들은 표적으로 삼기에 아주 좋습니다. 기둥 하나를 표적으로 정했으면 2~3개 정도로 공을 치고 끝냅니다. 그리고 클럽을 바꿔서 다른 기둥을 표적으로 삼고 다시 2~3개 정도 칩니다. 그리고 다시 클럽을 바꾸고 표적 또한 옮깁니다. 이러한 연습 방법은 필드에서의 느낌을 살릴 수 있는 좋은 방법입니다.

여기에 보기플레이(90타)를 하는 사람이 있습니다. 이 사람의 한 라운드에서 샷의 수가 몇 번이라고 생각되는지요? 18홀의 스코어 중 퍼팅과 어프로치가 반 정도 차지한다고 본다면 45번 정도의 풀스윙을 한다는 계산이 나옵니다. 이 정도 개수라면 연습장에서 한 박스도 채 안 되는

연습장의 표적들

양입니다. 연습장에서 '하나의 표적, 하나의 클럽'을 실천한다면 한 번 연습할 때 두세 번 라운드하는 효과를 볼 수 있지 않을까요? 이렇게 한 달을 한다면 그 연습의 질적 효과는 엄청날 것입니다.

연습장에서는 잘 맞는데 필드에 가면 꼭 안 된다는 분! 죽어라 연습해도 실력이 늘지 않는 분! 평생 90개도 못 깨보신 분! 이런 분들은 질적 연습을 하지 않기 때문에 실력향상의 한계에 다다른 것입니다. 어떤 분은 이렇게 말씀하실 수도 있습니다. '스윙이 안 되는데 무슨 놈의 표적을 생각하느냐?' 이런 생각을 가지고 있는 분은 평생 스윙만 가지고 고민하게 됩니다. 뒷장에서 다시 언급하겠지만 스윙은 완벽해질 수 없는 노릇입니다. 원래 완벽해질 수 없는 것을 완벽하게 해보겠다고 하니 그 끝이 있겠습니까? 발상의 전환이 필요합니다. '목표를 향해 쏘는 일'을 자꾸 하게 되면 스윙은 자신도 모르게 좋아집니다. 왜냐하면 몸은 표적에 반응하여 스스로 움직이기 때문입니다. 그래서 우리는 표적을 항상 마음속에 가져야 합니다. 골프 잘 치는 비결

을 고수들이 잘 안 가르쳐 준다고 서운해하시는 분들에게 고수로 갈 수 있는 일급 비밀공식을 알려 드리겠습니다.

골프 = 표적！

04

까먹는 것도 연습이다

지금까지 연습은 실전처럼 그리고 양보다는 질적인 연습을 해야 한다는 말씀을 드렸습니다. 이번 내용도 비슷합니다. '왜 양이 아니고 질이 되어야 하느냐?'에 대한 심층적인 분석 정도가 되겠네요. 이번 역시 골프를 좀 더 깊이 있게 이해할 수 있는 중요한 부분이라고 생각합니다.

샷과 샷 사이에는 '시간의 공백'이 존재한다

질적 연습이 안 되는 이유는 연습을 할 때 필드에서 하는 것처럼 안 하기 때문입니다. 연습이 실전처럼 안 된다는 것이죠. 앞서 이야기했던 '목표가 없는 연습' 역시 실전처럼 하지 않는 것이기도 하지만, 실전의 상황을 설정할 수 있는 요소는 또 있습니다. 그것은 바로 시간의 문제입니다. 필드에서 하는 골프를 생각해보세요. 샷과 샷 사이에는 시간의 공백이 분명히 존재합니다. 1번 홀에서 팀이 출발할 때 7~8분의 간격으로 나가는 것을 감안하면 샷과 샷 사이의 평균적인 시간은 7~10분 정도가 될 것입니다. 여기서 우리는 골프라는 게임을 좀 더 깊이 이해할 필요가 있습니다. 이러한 샷과 샷 사이의 간격은 시간의 공백이기도 하지만, 감의 공백이기도 합니다. 공이 아무리 잘 맞아도 그 감을 잊어버리기에 충분한 시간이 된다는 이야기입니다. 따라서 연습을 실전처럼 하기 위해서는 연습을 할 때도 감의 공백이 있어야 합니다.

드라이빙 레인지에서 한 타임에 주어지는 시간은 보통 60~90분 정도입니다. 연습장에는 가끔 이런 분들이 있습니다. 우리 김 사장님은 두세 시간 정도는 두들겨야 뭐 운동 좀 하는 것 같은데, 한 타임은 좀 아쉬운 감이 있고 그렇다고 두 타임씩 돈 내고 치긴 아깝습니다. 그래서 정해진 시간에 본전을 충분히 빼자는 심산이 생깁니다. 공이 나오는 대로 연신 뚜들겨 팹니다. 김 사장님에게는 1분 1초가 아깝습니다. 행여나 전화라도 올까봐 전화기도 꺼놓고 화장실이 가고 싶어도 그 시간이면 30개는 더 칠 수 있다는 생각을 합니다. 이렇게 쉴 새 없이 공을 쳐대면 '시간의 공백'에서 오는 '감의 공백'을 가질 수 없습니다. 앞서 말씀드린 '하나의 표적, 하나의 클럽'의 질적 연습이 안 되는 것이기도 합니다.

이렇게 '마구 쳐대서 잡은 감'은 연습을 위한 연습이 될 수 있습니다. 필드에서 써먹기가 힘들다는 이야기입니다. 연습을 해서 감을 잡는 것은 중요한 일이고 연습의 목표이기도 합니다. 하지만 내일도 그 감대로 칠 수 있어야 하고, 모레도 마찬가지이며, 언젠가 필드에 나가서도 그 감대로 칠 수 있어야 합니다. 그러나 우리는 이것이 생각대로 되지 않는다는 것을 경험을 통해 잘 알고 있습니다.

이렇게 잘 되지 않는 이유는 <mark>'마구 쳐대서 잡은 감'은 다음에도 그렇게 계속 쳐대야 그 감이 나온다는 데 있습니다. 정작 중요한 점은 필드에서는 연습장처럼 연신 뚜들겨 팰 수 없기 때문에 '쳐대서 잡은</mark>

감'을 살릴 수 없다는 것입니다. 필드에서 써먹지 못하는 이유가 바로 여기에 있습니다. 필드에서는 딱 한 개만 치고 시간의 공백을 가져야 합니다. 이러한 골프의 속성 때문에 "연습장에서는 잘 되는데 필드에서는 안 된다"는 말이 나오게 됩니다. 샷과 샷 사이의 '시간의 공백', '감의 공백'을 다시금 생각하게 만드는 대목입니다.

감을 까먹는 연습을 해야 한다

시간의 공백과 감의 공백 그리고 쳐대서 잡은 감 등이 이해가 된다면 우리는 보다 질적인 연습을 고안해내야 합니다. 무턱대고 많은 연습만 고집한다면 그것은 오로지 한 가지 생각이며 실전의 상황을 이해하지 못한 결과라 할 수 있습니다. 실전에서는 감이 없는 상태에서 단 한 번의 기회로 감을 살려야 하기 때문입니다. 그래서 우리는 아무리 좋은 감이라 할지라도 그것을 이내 잊어버리고 다시 그 감을 살릴 수 있는 연습을 해야 합니다. '감을 까먹는 연습'이 필요하다는 이야기입니다.

연습장에서 우리는 각고의 노력 끝에 공이 잘 맞는 무언가의 감을 잡게 되면 애써 잡은 감을 까먹으면 어떡하나 두려워하고, 실제로 까먹기라도 한다면 아쉬움을 숨기지 못합니다. 하지만 저는 전혀 그럴 필요가 없다는 말씀을 드리고 싶습니다. 그래서 연습장에서는 이런 패턴의 연습이 필요합니다.

표적을 하나 정해놓고 드라이버를 딱 한 번만 치고 타석에서 나옵니다. 그리고 서두르지 않고 여유를 가지며 앞 사람이 왜 자꾸 탑핑을 쳐대는지 한 번 지켜봅니다. 그리고 아이언 하나를 꺼내서 여유 있게 또 하나 치고는 다시 타석에서 나옵니다. 이번엔 뒷사람이 왜 자꾸 뒤땅을 쳐대는지 살펴봅니다. 그리고 역시 서두르지 않으며 다른 클럽으로 연습을 시도합니다.

이렇게 여유 있는 패턴으로 매 샷마다 서두르지 않습니다. 앞서 말씀드린 '하나의 표적, 하나의 클럽'을 생각하세요. 그리고 샷과 샷 사이에 시간의 양념을 치면서 연습을 이어나가는 것입니다. 골프는 공을 많이 친다고 될 일이 아니라는 것을 다시 한 번 느낄 수 있게 됩니다. 이렇게 필드에서 간과할 수 있는 골프의 속성을 이해한다면 정작 실전에서 필요한 부분을 연습장에서 얼마든지 할 수 있습니다. 이것이 바로 질적 연습의 본질입니다.

그럼 그 '시간의 공백'을 얼마나 주는 게 좋을까요? 만약 필드에서처럼 7~10분 정도 간격을 두게 되면 한 타임에 10개 치면 끝나버리겠죠? 한 30~40초 정도 간격으로 공을 쳐보면 어떨까요?

3장 | '질적 연습'이란 무엇인가?

05

프리샷 루틴의 실체

골프 황제 타이거 우즈는 다음과 같은 말로 루틴(Routine)의 중요성을 설명합니다.

루틴
스윙 전에 행하는 일련의 과정.

> "내가 좋은 샷을 할 수 있는 이유 중 하나는 언제나 같은 루틴을 따르기 때문이다. 나의 루틴은 결코 변하지 않는 나만의 유일한 것이다. 그것은 최상의 샷을 할 준비가 된 상태에서 매 순간 평정심을 유지할 수 있도록 한다."

프리샷 루틴(Pre shot routine)이란 골퍼가 샷을 하기 직전에 하는 일련의 동작을 말합니다. 이는 반복적이고 습관화된 동작으로써 긴장을 완화시키고 집중을 보다 더 잘하기 위한 목적이 있습니다. 이러한 과정은 자신이 해야 할 생각과 행동을 체계화시킴으로써 스윙을 준비하는 템포를 일정하게 유지시켜 줍니다. 이는 골프뿐만 아니라 다른 종목에서도 찾아볼 수 있습니다. 예를 들면 농구에서 자유투를 던질 때 ①공을 바닥에 세 번 튀긴다. ②공을 빙그르르 돌려서 잡는다.

③심호흡을 크게 한 번 한다. ④무릎에 반동을 주면서 두 번 구부린다. ⑤슛을 한다와 같은 루틴을 따르며, 테니스에서 서브를 넣을 때는 ①라인에 선다. ②공을 바닥에 두 번 튀긴다. ③공을 라켓 중앙에 댄다. ④서브를 한다 등의 순서를 정해서 진행합니다. 이 밖에도 다양한 종목에서 개개인마다 개성 있는 루틴의 모습을 볼 수 있습니다. 모두 최고수행을 위해 집중력을 발휘하기 위한 과정입니다.

골프도 예외 없이 프로선수들의 플레이를 보고 있노라면 샷마다 한결같은 동작을 반복합니다. 가령, ①뒤에서 목표를 본다. ②연습스윙을 한다. ③클럽헤드를 목표에 맞춘다. ④어드레스를 정돈한다. ⑤왜글*을 한다. ⑥목표를 다시 본다. ⑦샷을 한다 정도는 일반적인 루틴이고, 가끔은 개성 있는 모습도 볼 수 있습니다. 매번 엉덩이를 실룩실룩 거리는 김 사장님의 모습을 보고 있노라면 웃음을 참을 수가 없습니다. 꼭 저렇게 해야만 하는 건가? 이상야릇한 모습을 보는 것 역시 필드에서 느끼는 또 하나의 재미입니다.

선수들의 프리샷 루틴을 지켜본 해설자는 이렇게 이야기합니다. "집중을 위한 동작으로써 항상 일정한 시간과 패턴을 보여줍니다." 한 치의 틀림이 없는 말처럼 보입니다만 여기서 우리는 또 한 번 함정에 빠질 수 있습니다. 프리샷 루틴은 생각과 행동들을 순차적으로 실행하는 일이라고 보았을 때 '정신적 루틴'과 '행동적 루틴'으로 나눌 수 있습니다.

> 정신적 루틴은 머릿속에서 하는 것이고,
> 행동적 루틴은 행동으로 하는 것이다.

왜글
클럽의 헤드 무게를 느끼고 손목의 긴장을 풀기위해 클럽을 가볍게 흔들어 주는 동작.

이렇게 프리샷 루틴은 두 영역이 공존되어야 함에도 불구하고 우리가 주목하는 것은 바로 눈에 보이는 '행동적 루틴'에만 있습니다. 실제 행동이 전부라고 생각하는 오류를 범하는 것이죠. 그리곤 열심히 따라하려 듭니다. 이러한 현상이 발생하는 이유는 루틴의 효과가 어떻게 해서 나타나는지 알지도 못할 뿐더러 책과 방송을 맹목적으로 신뢰하는 어리석은 태도에 그 원인이 있습니다. 대표적인 것 중 하나가 루틴을 시간에 가두려는 노력입니다.

우리는 선수들의 루틴 모습을 보면서 항상 '일정한 시간'으로 진행된다는 것에만 주목합니다. 이것 역시 영상을 만드는 캠코더가 선수들의 생각을 찍을 수 없기 때문입니다. '일정한 시간'이라는 것은 애당초 논할 필요가 없는 말임에도 불구하고 어느 한 사람의 무지로 인해 그것이 전부인 것 마냥 되어버렸습니다. 루틴은 머릿속에서 하는 일의 패턴이지 결코 행동 그 자체가 아니라는 것을 간파해야 합니다. 우수한 경기력을 보이는 선수들은 절대 행동을 시간에 가두려 하지 않습니다. 만약 선수들이 프리샷 루틴을 훈련하는 과정에서 시간을 재려 한다면 초시계 따위는 해저드로 던져버려야 합니다.

이것은 골프를 잘 치기 위한 매우 중요한 문제입니다. 우뇌를 활성화해야 하거늘 애써 좌뇌를 쓰려고 하는 것이기 때문입니다(뇌기능에 대한 설명은 뒷장에서 자세히 다룹니다). 표적에만 집중해도 모자를 판에 엉뚱한 시간 계산이나 하고 있으니 볼이 제대로 날아가겠습니까? 여기서 우리는 정신적 루틴과 행동적 루틴의 상호관계에 대해서 정리를 할 필요가 있습니다. 이 둘은 결코 분리될 수도 없고, 분리되어서도 안 되는 관계에 있습니다. 우리가 살펴봐야 할 문제는 무엇이 먼저인가입니다. 뭐 답은 뻔합니다.

바로 '행동'이라는 것은 '생각'에서 비롯된 산물이라는 것입니다.

머릿속에서 해야 할 일이 선행되지 않은 '행동적 루틴'은 사상누각(沙上樓閣)과도 같습니다. 따라서 우리는 프리샷 루틴의 효과를 보고자 한다면 정신적 루틴에 더욱 주목해야 합니다. '행동'은 '생각'에서 따라온다는 단순한 논리이기 때문입니다. 이러한 원리를 이해했다면 정신적인 문제 즉, 생각의 체계화를 어떻게 할 것인가에 더 많은 관심을 가져야 합니다. 이러한 관심이 곧 질적 연습의 시작이기도 합니다. 그렇다면 머릿속에서 해야 할 일이 어떠한 행동으로 발현되는지 순차적으로 살펴보도록 하겠습니다. 여기서 잠깐 짚고 넘어가야 할 부분이 있습니다. 프리샷 루틴은 샷 직전의 행동만을 일컫는 것이 아니고 샷을 준비하는 모든 과정으로 이해해야 옳다고 봅니다. 무슨 말인고 하니, 샷을 하기 위해 클럽을 백에서 뽑을 때부터 혹은 거리 판단을 할 때부터 그 루틴은 시작된다는 이야기입니다. 다음의 권고사항을 읽어보시고 표를 보시기 바랍니다.

①좌측에 '머릿속에서 해야 할 일' 먼저 쭉 내려가면서 읽어본다.
②우측에 '행동으로 발현됨'을 쭉 내려가면서 읽어본다.
③'머릿속에서 해야 할 일'과 '행동으로 발현됨'을 연결지어서 읽어본다.

단계		머릿속에서 해야 할 일	행동으로 발현됨
준비 과정	❶	• 바람, 지형, 라이, 핀 위치 등을 고려하여 거리측정을 한다. • 코스공략에 대한 계획을 세운다. • 클럽 선택을 한다. • 기술적 방법을 결단한다. (어떤 샷을 구사할 것인가?)	행동은 어떻게 되든 상관없다.
샷 직전 루틴	❷	표적을 선정한다.	공 뒤에 서서 표적과 일직선으로 선다.
	❸	샷에 대한 감각과 타이밍을 점검한다.	연습스윙을 한 번 또는 두 번 한다.
	❹	표적을 정하고 내 몸을 표적에 반응시킨다.	• 클럽을 공 뒤에 갖다댄다. • 왼발과 오른발을 벌린다. • 어드레스를 정렬한다.
	❺	왜글을 통해 팔과 손목의 긴장을 풀고 이제 수행해야 할 샷을 감지한다.	손목을 꺾어 클럽헤드를 흔들흔들 해본다.
	❻	• 표적을 머릿속에 담는다. • 잘 맞았을 때 날아가는 공을 상상한다.	표적을 쳐다본다.
	❼	시선이 땅에 있는 공으로 왔을 때 머릿속에는 여전히 표적이 영상처럼 떠올라야 한다.	다시 시선을 공으로 가져온다.
	❽	영상이 포착되면 발사한다.	스윙을 한다.
샷 후	❾	굿샷을 각인시킨다.	볼이 날아가는 모습을 쳐다본다.

3장 | '질적 연습'이란 무엇인가?

06

필드가 연습장이더냐?

　골프 본연의 운동 효과는 무엇일까요? 그것은 바로 '걷기'입니다. 그래서 가능하면 전동카트를 이용하지 않고 걸어 다니는 것을 추천합니다. 걸어야 몸도 빨리 풀리거든요. 마냥 걷기만 한다면 진행의 문제로 캐디 분들이 좋아하지 않겠습니다만, 골프는 원래 걷기 위해 하는 운동이라는 것을 잊지 마시기 바랍니다. '카트 없는 골프장은 안 나간다'는 김 사장님은 왜 골프를 치는지 모르겠습니다.

　여러분! 18홀을 모두 걷는다면 몇 km 정도 걷는지 생각해보셨나요? 요새는 골프장 평균 길이가 7,000야드 정도 된다고 합니다. 그리고 홀 간 이동거리와 그 밖의 이동거리를 포함하면 아마도 10km 내외는 되지 않을까 싶습니다. 말이 10km지 서울의 잠실역에서 사당역까지 지하철 10여개의 역을 지나야 하는 꽤나 먼 길입니다. 이 길을 걸어간다고 상상해보세요. 우리 김 사장님은 절대 걸어가는 일이 없을 것입니다.

　그러나 우리는 골프를 치면서 이렇게 먼 거리를 걸을 수 있습니다. 상쾌한 공기를 마시고, 쉬엄쉬엄 녹음(綠陰)을 즐기며, 때로는 씩씩대며, 때로는 기뻐하며 지루하지 않게 걸을 수 있습니다. 골프는 희한하게 먼 거리를 걸어도 멀다고 느껴지지 않습니다. 골프는 이러한 사람의 심리를 교묘히 이용한 장거리 걷기 운동입니다. 뭐 김 사장님께서는 연신 씩씩대며 뛰어 다니느라 정신이 없겠지만요.

이번 강의는 필드를 연습장으로 착각하시는 분들에게 드리는 충고 정도가 되겠습니다. 실전 라운드에서도 연습의 질적 효과를 생각한다면 꼭 재고해야 할 사안인 듯합니다. 이것이 무슨 말인지 우선 우리 김 사장님의 모습을 살펴보도록 하겠습니다.

김 사장님은 첫 티샷부터 잔뜩 힘을 주시더니만 토핑*을 치고 맙니다. 샷이 마음에 안 들었는지 오만상을 찡그리면서 눈치를 살살 봅니다. 애처로운 눈빛을 보내며 동반자들로부터 무엇인가 무언의 동의를 구합니다. 그러고는 얼른 공을 하나 꺼내놓더니 누가 쫓아오기라도 하듯 잽싸게 공을 칩니다. 그리고 세컨드 샷을 치고 나서도 보는 사람이 없으면 얼른 또 하나 놓고 칩니다. 몇 번 봐줬더니 이제는 잘 맞아도 하나씩 더 치려고 합니다. 우리는 이렇게 습관처럼 두세 개씩 공을 치는 동반자의 모습을 지켜봐야 할 때가 있습니다. 여러분들은 제발 이렇게 하지 않기를 바랍니다. 여기에는 너무나도 중요한 세 가지 의미가 있습니다.

> **토핑**
> 공의 윗부분을 때리는 실수.

🚩 연습의 효과를 기대하지 마라

하나 더 치고 싶은 김 사장님의 마음에는 이런 생각이 깔려있습니다. '뭐가 잘못됐지? 하나 더 쳐보면 감이 잡힐 것 같은데……', '잔디에서 칠 기회가 별로 없으니 잔디밭에 나왔을 때 많이 치자.' 이런 마음이 어느새 습관이 되어버려 한 개 더 치지 않고서는 근질근질 견디질 못합니다. 그러나 잔디에서 많이 친다고 연습이 잘 될까요? 그렇지 않습니다. 여기에는 근본적으로 안 되는 이유가 있습니다.

'하나 더 친다'는 것은 원래 허용이 안 되는 두 번째 샷을 시도하는 것입니다. 그래서 캐디는 물론 동반자 모두에게 미안한 마음을 갖게 됩니다. 나 때문에 진행이 늦을까봐 조급한 마음도 듭니다. 아무도 안 보는 사이에 몰래 하나 더 치는 것은 더욱 그렇습니다. 이런 상황에서는 스윙에 집중이 되지 않으며 무의미한 행위만 하게 될 뿐입니다. 게다가 자신이 얻고자 하는 연습의 효과도 그리 크지 않게 됩니다. 사실 '거의 없다'라고 말씀을 드리고 싶네요.

가령 책을 읽을 때 다른 생각을 하면서 읽다 보면 '내가 뭘 읽었지?' 하고 여태 읽은 내용이 까마득하게 생각이 안 날 때가 있습니다. 그렇게 되면 책장을 뒤로 넘겨 다시 읽어야 하죠. 마찬가지로 집중이 안 된 샷 역시 그 내용 면에 있어서 하나도 기억할 수 없게 됩니다. 그저 맘에 드는 샷이 나오길 바라며 마음의 위안을 찾는 것이죠. 책이야 내용이 파악이 될 때까지 뒤로 돌아가서 다시 읽으면 되지만 골프는 그렇게 할 수가 없습니다.

▶ 필드에서의 연습은 따로 있다

매번 하나씩 다시 치는 것을 반복하다 보면 라운드 내내 '어떻게 스윙을 할 것인가?'에만 매달리게 됩니다. 굳이 필드에 나와서까지 스윙만 생각하고 가시렵니까? 이것은 연습장에서나 할 일입니다. 필드에서는 다음과 같은 것들을 고민해야 합니다.

이 홀에서는 어떻게 파를 만들어 낼 것인가?

이 홀은 어떤 공략이 필요할 것인가?

그린은 어떻게 공략할 것인가?

어떤 어프로치를 해야 하는가?

트러블 샷*은 어떻게 할 것인가?

몇 번의 클럽을 선택해야 할 것인가?

이런 상황에선 어떠한 마음가짐이 필요한가?

심리조절은 어떻게 할 것인가?

이 정도 바람이면 얼마나 감안을 해야 할까?

트러블 샷
비정상적이거나 곤경에 처한 상황에서의 샷.

어떤 내용인지 대략 감이 잡히시나요? 스윙 연습 또는 스윙의 기술적인 부분은 연습장에서 얼마든지 연습할 수 있습니다. 그러나 이러한 코스 매니지먼트(Course management)나 게임 운영에 관한 것은 오직 필드에 나와야만 할 수 있는 일들입니다. 다시 말해 필드에서 연습할 것은 '스윙 연습'이 아닌 '스코어를 만드는 연습'입니다. 이렇게 생각이 바뀌지 않는다면 구력이 아무리 오래되어도, 연습을 아무리 많이 해도 실력이 늘지 않습니다. 오직 한 개의 공으로 원 볼 플레이를 하는 것이 스윙의 메커니즘에 얽매이지 않고 게임에 집중할 수 있는 좋은 방법입니다.

🚩 매너 있는 행동이 아니다

마지막 내용은 동반자들에게 민폐를 끼친다는 것입니다. 모르는 사람들과 골프를 칠 때는 말할 것도 없고, 관계가 좋은 동반자들과 할 때도 민폐는 민폐입니다. 뭐 한두 번이야 괜찮겠지만 자꾸 반복이 되면 좋아할 사람은 하나도 없습니다. 진행이 늦어질 뿐만 아니라 룰을 어기는 것입니다. 이것은 모든 동반자에게 방해를 주는 행위입니다.

    게임의 진행상 하나 더 치는 것을 기다려줘야 할 때도 있고, 내가 샷을 하려는 순간 치기라도 한다면 그 소리가 여간 신경 쓰이는 것이 아닙니다. 소리뿐만 아니라 치는 순서도 혼동을 줄 수 있습니다. 이런 상황이 반복되다 보면 급기야는 게임할 맛이 떨어지게 됩니다. 아무리 친한 사람이라도 간과해서는 안 됩니다. 왜냐하면 친한 사람일수록 자신의 불편함과 신경쓰임을 말 못하는 경우가 더러 있기 때문입니다. 인심이 없는 사람 같고, 까다롭게 보일 것 같기도 하고, 행여나 기분이라도 상할까 말을 아끼게 되는 것이죠.

    이 장에서는 연습을 한다는 목적으로 필드에서 두세 개씩 치는 행위에 대해서 살펴보았습니다. 혹시라도 자신이 해당되지는 않는지 꼭 한번 다시 생각해보시기 바랍니다.

퍼팅 연습은
공
하나로

질적 연습은 샷뿐만 아니라 퍼팅 연습을 할 때도 간과해서는 안 될 부분입니다. 퍼팅 역시 '표적을 두고 공을 치는 동작'이라는 샷의 일환이기 때문입니다. 특히 퍼팅은 더욱 섬세한 작업을 요하므로 골프 기술 중 어쩌면 가장 질적 연습이 필요한 부분입니다. 그렇다면 질적 연습이 안 되는 퍼팅 연습에 대해서 살펴보겠습니다.

보통 라운드를 나가기 전, 연습 그린에서 퍼팅 연습을 합니다. 여기서 우리는 무심코 여러 개의 공을 사용하는 경향이 있습니다. 그 이유를 생각해보면 우선 여러 개의 공을 가져가면 짧은 시간에 더 많은 연습을 할 수 있을 것 같고, 자주 왔다 갔다 하는 번거로움도 덜 수 있을 것 같기 때문입니다. 지극히 사소하고 당연한 사안이지만 여기에는 연습의 효과를 떨어뜨릴 수 있는 요소들이 숨어있습니다.

라운드 직전의 퍼팅 연습은 마치 공연을 앞둔 '리허설'과도 같습니다. '리허설'이란 연극, 음악, 방송 따위에서 공연을 앞두고 실제처럼 하는 연습을 말합니다. 이렇게 본 행사를 앞두고 시간과 에너지가 소비됨에도 불구하고 리허설을 하는 데는 이유가 있습니다. 공연자는 자신의 연기를 종합적으로 점검을 해볼 것이고 기획자는 공연 진행에 차질은 없는지, 혹시라도 문제가 될만한 것은 없는지, 사전 점검을 하는데 그 이유가 있습니다.

퍼팅 그린에서도 마찬가지입니다. 우리는 공연자 기획자가 되어서 종합적인 점검을 해야 합니다. 우선 연습 그린이 실제 그린과 똑같진 않겠지만 오늘의 그린 스피드나 그린 상태가 어떤지 점검해봅니다. 그리고 오늘 자신의 컨디션은 어떠한지, 거리감을 잘 살려낼 수 있는지 감의 시연도 빠질 수 없는 테스트입니다. 이러한 사전 연습의 목적은 실전에서의 퍼팅 실수를 최소화하고 성공 확률을 높이기 위함입니다. 이러한 목적 달성을 위해서는 무엇보다도 '연습은 실전처럼' 해야 합니다. 그래야 리허설의 의미가 있습니다.

김 사장님의 행태를 보자면 공이 세 개도 모자랍니다. 한 곳에 부어놓고 변하지 않는 목표를 향해 연속해서 쳐댑니다. 이런 식의 연습이 바로 실전처럼 하지 않는 방법입니다. 이러한 방법이 좋지 않은 이유는 첫째, 앞서 언급한 바 있는 '쳐대서 잡은 감'에 있습니다. 실전에서 퍼팅을 잘하기 위해서는 랜덤으로 주어지는 퍼팅 거리에 감을 잘 살려내야 합니다. 또한 단 한 번으로 주어지는 기회에 실수가 없어야 합니다. 그러나 이러한 부담감 속에 '쳐대서 잡은 감'은 변화무쌍한 그린의 상황에 기민하게 대처할 수 없습니다. 따라서 연습 그린에서는 매번 바뀌는 표적에 단 한 번의 기회로 성공시키는 연습이 필요합니다.

둘째, 연습의 집중도가 떨어집니다. 표적이 바뀌지 않는 것 자체가 집중력을 떨어뜨리기도 하지만, 하나의 표적에 여러 번 시도하는 것은 홀인의 절실함을 떨어뜨리고 맙니다. 한번 생각해보세요. 실전에서는 더할 나위 없이 절실한 마음으로 퍼팅을 합니다. 따라서 절실한 마음을 살리기 위해서라도 실전처럼 공 하나가 좋을 것입니다.

셋째, 얼라이먼트(조준) 연습이 안 됩니다. 퍼팅을 잘하기 위한 요소 중에는 조준을 잘하느냐 못하느냐가 있습니다. 아무리 경사를 잘 보고 스트로크가 좋다 한들 조준이 잘못되어 있으면 홀인이 될 수 없는 노릇이기 때문입니다. 김 사장님처럼 한번 취한 스탠스에 찍 끄집어 놓는 공은 이미 조준의 의미를 상실한 것입니다. 따라서 매번 조준을 새로이 할 수 있는 연습이 퍼팅 실력을 향상시키는 지름길입니다.

그렇다면 연습을 실전처럼 하려면 어떻게 해야 할까요? 실전에서와 같이 바로 하나의 공에 집중해서 자신의 루틴(Routine)을 시연해야 합니다. 가령 앞뒤 경사를 본 후 어드레스, 빈 스윙, 목표에 집중(이미지) 그리고 스트로크까지 이러한 일련의 과정은 집중력을 높여줄 것입니다. 이렇게 해서 매번 꼭 넣겠다는 신념으로 반복합니다. 그리고 세컨드 샷 이후에 그린 온을 가정하고 다른 홀, 다른 목표로 길고 짧은 거리를 무작위로 시도해봅니다.

그린에서 한 개의 공으로 연습할 때 좋은 점을 한마디로 정리해 보자면 한 번 한 번 새로운 위치에서 새로운 표적에 반응시킬 수 있다는 것입니다. 이를 가장 효과적으로 적용시킬 수 있는 방법 중에 하나는 동반자들과 미니게임을 하는 것입니다. 오너가 출발지와 홀을 정하고 9홀을 도는 게임입니다. 티끌모아 태산이 된다는 말이 있습니다. 사소한 것에서부터 연습의 효과를 높인다면 이것이 어쩌면 고수로 갈 수 있는 비결이 될지도 모릅니다.

3장 | '질적 연습'이란 무엇인가?

08

색다른 라운드

오늘날과 같은 문명의 발전은 늘 새로운 관점에서 새로운 시도가 있었기에 가능했습니다. 이것은 자신의 골프 실력을 향상시키는 데 있어서도 마찬가지입니다. 늘 하던 대로 똑같은 연습을 하려드는 것은 생산적이지 못하다는 이야기이죠. 어떠한 방식이든 변화가 있어야 비로소 실력향상의 가능성이 생깁니다. 생각지 못한 지혜와 해답은 늘 사소한 발상의 전환에서 비롯됩니다. 다음에 열거한 경우로 사고의 전환을 시도해보시기 바랍니다.

▶ 3클럽 라운드

골프 방송에서도 가끔 볼 수 있는 '3클럽 라운드'는 단 3개의 클럽만 가지고 18홀 라운드를 하는 것입니다. 가령 퍼터, 피칭, 7번 아이언 혹은 퍼터, 9번 아이언, 5번 아이언 이렇게 자신의 백에 단 3개만 담아서 플레이를 하는 것이죠. 이러한 시도는 골프를 이해하는 데 있어서 여러 가지 의미를 담고 있습니다.

첫 번째로 예상 밖의 스코어를 기록할 수 있습니다. 일반적으로는 자신의 평균 스코어보다 훨씬 많은 스코어를 기록하리라 예상하지만, 의외로 생각과는 다른 경험을 할 수 있습니다. 이것이 가능한 이유는 쓸데없는 욕심을 부려 스코어를 까먹는 상황을 통제할 수 있고, 보다 안전한 공략이 가능하기 때문입니다. 티샷을 무심코 드라이버로 잡는 습관, 파 5에서의 무리한 투 온 시도, '모 아니면 도'와 같은 도박성의 코스공략 등은 OB, 헤저드, 로스트와 같은 위기상황의 빈도를 높일 수 있습니다. 그러나 제한된 클럽을 가지고 게임에 들어서면 이러한 위기상황을 현저히 줄일 수 있고, 시종일관 페어웨이로 다니는 안전한 공략이 가능해진다는 이야기입니다.

이렇게 클럽의 제한으로 인해 싫든 좋든 강제로 해야만 하는 라운드 경험은 자신에게 특별한 것이 되어 그 의미를 새롭게 깨달을 수 있는 기회를 줍니다. 그것은 ==스스로 생각할 수 없었던 혹은 미처 시도해볼 수 없었던 코스 공략을 시도하면서 코스 공략의 중요성과 그에 따른 마음가짐이 어떻게 스코어와 연결되는지 몸소 깨닫는 것입니다. 또한 고정관념에 사로잡힌 자신의 골프를 돌아보게 하는 좋은 기회가 됩니다.==

두 번째는 감각의 개발입니다. 한정된 클럽으로 그린을 공략하려면 매번 풀스윙만 하던 클럽으로 남은 거리에 따라 거리를 조절해야만 합니다. 가령 자신의 7번 아이언 비거리가 130m라면 싫든 좋든 그 이상도 보내야 하고 그 이하도 보내야 하죠. 이러한 시도는 클럽을 다루는 감을 개발시킬 뿐만 아니라 다양한 관점에서 스윙을 이해할 수 있는 기회를 제공합니다.

세 번째는 자신의 무한한 창조성을 개발할 수 있습니다. 한정된 클럽으로 다양한 상황을 극복하려면 평소에 미처 시도해보지 못한 것들을 어쩔 수 없이 시도해야 합니다. 가령 항상 띄우는 어프로치를 하던 사람도 굴리는 어프로치를 해야만 하고(본인에게는 창조입니다), 벙커에서는 샌드웨지 말고 다른 클럽으로도 해볼 수 있고, 매 홀을 새로운 공략으로 시도해볼 수 있습니다. 이러한 경험 역시 고정관념에서 탈피할 수 있는 기회가 될 뿐만 아니라 골프에 대한 새로운 패러다임을 가질 수 있는 좋은 기회가 됩니다.

네 번째는 캐디 분들이 아주 좋아합니다. 왜 좋아할까요? 한번은 뒤쪽 팀에서 떠드는 소리가 왁자지껄하기에 돌아 봤더니 4명 모두 우드로 퍼팅을 하고 있었습니다. 이른바 '원 클럽 라운드'로 처음부터 끝까지 우드로만 치기로 약속을 한 것이죠. 색다른 경험에 모두 재미가 있었나 봅니다. 그런데 캐디가 하는 말이 "할 일이 없어서 심심해 죽겠다"고 하더군요. 여러분도 한 번 도전해보는 것이 어떨는지요?

▶ 레이디(Lady) 티에서 한 번 쳐보자

이것은 남성 골퍼에게만 해당되는 일입니다만, 코스의 길이가 짧아진다고 해서 생각처럼 스코어가 잘 나와주는 것은 아니라는 사실을 이야기하려 합니다. 이와 같은 짧은 코스에서 확연하게 더 좋은 스코어를 낼 수 있다면 이미 중급 이상의 골퍼라 할 수 있습니다. 다시 말해 김 사장님과 같은 하수 골퍼는 '화이트 티'나 '레이디 티'나 스코어에 별반 차이가 없다는 이야기입니다.

골프를 잘 치기 위해서는 스코어 관리가 필요합니다. 아마추어 골퍼들이 큰 착각을 하고 있는 것 중 하나는 스윙기술만 좋아진다면 골프를 잘 칠 수 있으리라 생각하는 것입니다. 물론 스윙기술이 좋아지면 어느 수준까지야 오르겠지만 진정한 고수가 되기 위해서는 그것만이 전부는 아닙니다. 이러한 한계를 넘어서기 위해서는 쇼트게임

능력, 코스 공략, 클럽 선택, 위기관리 능력 등의 중요성을 인식해야 하고 그것들이 어떻게 스코어와 연결되는지 체험해보아야 합니다. 바로 여기에서 스코어 관리가 이루어지기 때문입니다. 만약 레이디 티에서 쳤을 때 평소보다 월등한 스코어를 기록하지 못한다면 자신의 스코어 관리 능력을 다시 한 번 되짚어봐야 합니다.

골프를 잘 치는 사람이나 못 치는 사람이나 '레이디 티'에서 치는 경험은 3클럽 라운드와 마찬가지로 자신에게 특별한 경험이 됩니다. 미처 느끼지 못했던 사안에 대해서 다시금 생각할 수 있도록 하고, 골프에 대한 새로운 관점과 깨달음을 얻을 수 있는 계기를 마련해주기도 합니다. 이는 하수 딱지를 빨리 떼기 위한 중요한 과정입니다.

갓 입문자의 경우에도 '화이트 티'보다는 '레이디 티'에서 플레이 하는 것을 추천합니다. 골프에 좀 더 쉽게 접근할 수 있고, 시행착오의 과정을 줄일 수 있습니다. 이는 입문 초기에 겪을 수 있는 실망과 좌절을 줄임으로써 골프의 재미 그리고 실력향상을 보다 쉽게 느끼게 해줍니다.

3장 | '질적 연습'이란 무엇인가?

09

다양한 질적 연습

골프에서의 질적 연습에 대해서 이제 좀 감이 잡히시나요? 이 내용만 감이 잡힌다면 골프 고수가 되는 길은 시간문제입니다. 이 장에서 소개하는 내용 역시 질적 연습을 위한 방법들입니다.

▶ 긴장된 첫 티샷을 위한 연습

18홀을 라운드하면서 가장 긴장된 샷은 아마도 첫 티샷일 것입니다. 가장 많이 나오는 미스 샷 역시 첫 티샷이고요. 이것은 김 사장님뿐만 아니라 프로선수라도 예외는 아닙니다. LPGA 최초 60타 미만(59타)을 기록하고 통산 72승의 위업을 달성한 스웨덴 출신의 골프선수 아니카 소렌스탐도 "다른 골퍼들과 마찬가지로 나 역시 첫 번째 티에서 긴장이 된다"고 저서를 통해 밝힌 바 있습니다.

이렇게 첫 티샷에서 유독 긴장할 수밖에 없는 이유는 몸도 풀리지 않고 감도 없는 상태에서 쳐야 하기 때문입니다. 혹시라도 실수를 하지 않을까 하는 불안감이 가장 크기 때문이죠. 그래서 저는 이것을 극복하기 위해 불안에 대처하는 나름의 방법을 고안합니다. 저도 오죽 첫 티샷이 걱정거리였으면 필살기를 썼겠습니까?

    연습장에서 연습을 시작할 때는 보통 어프로치와 같은 작은 동작부터 시작합니다. 그리고 점점 큰 스윙으로 진행합니다. 몸에 무리를 주지 않기 위해 나중에서야 드라이버를 잡습니다. 뭐 몸을 생각하면 이렇게 진행하는 것이 좋습니다. 그러나 필드에서는 거꾸로 진행됩니다. 필드에 나가서 제일 첫 번째로 잡는 클럽은 드라이버입니다. 가장 큰 힘을 써야 하는 클럽이죠. 그래서 저는 연습장에서도 가장 먼저 드라이버를 잡습니다. 필드에서와 같이 '몸이 풀리지 않은 상태'와 '불안감이 있는 상태' 두 가지 조건에 내 샷을 노출시키는 것이죠. 그러나 딱 한 번만 쳐야 합니다. 안 맞았다고 계속 치려 한다면 성공에 대한 압박은 더 이상 가질 수 없기 때문입니다. 마치 필드에서 첫 티샷을 하는 것처럼 상황설정을 하는 것입니다.

    이렇게 연습장을 찾을 때마다 '딱 한 번의 연습'을 하다 보면 자신만의 노하우가 생기고 나름의 깨달음을 얻을 수 있습니다. 만약 당장 한 번 더 쳐보고 싶다면 지금 이 순간에 하려들지 말고 보완하고 싶은 것을 기억해뒀다가 내일 시도합니다. 이러한 연습이 오랜 시간 반복된다면 골프 연습은 마구 처댈 일이 아님을 깨달을 수 있고 질적 연습의 중요성을 효과적으로 이해할 수 있을 것입니다.

🚩 다양한 구질을 만들어 보자

일부러 훅 또는 슬라이스를 내본 적이 있나요? 또는 의도적으로 낮은 탄도, 높은 탄도를 만들어 본 적이 있나요? 보통 아마추어 골퍼들은 '똑바로 가는 공'을 지상 최대의 목표로 삼습니다. 그러나 공을 정작 똑바로 보내기 위해서는 똑바로 가지 않는 조건에 대해서도 알아야 합니다. 그냥 머리로만 알 것이 아니라 어떠한 조건에서 어떻게 휘는지 직접 시도해보고 경험해보는 것이 중요합니다.

슬라이스와 훅 등의 다양한 구질은 임팩트를 맞이하는 순간 특별한 조건에 의해 결정됩니다. 그것은 헤드가 지나는 방향(궤도)과 클럽페이스가 닫히고 열린 정도, 이 두 가지 조건의 상관관계에 따라 달라집니다. 그러나 누가 봐주지 않는 이상 자신의 샷에서 이 두 가지 조건을 직접 측정해 볼 수는 없습니다. 가령 슬라이스가 난다면 내 스윙동작에서 어떠한 동작이 Out-in 궤도를 유발하는지 유추만 할 뿐입니다. 이러한 관계가 모두 파악이 되고 그것을 조절할 수 있다면 이미 당신은 골프 고수입니다.

따라서 스윙에 대한 빠른 이해를 위해서는 다양한 구질을 만들어 보는 것이 좋습니다. 훅도 내보고, 슬라이스도 내보고, 띄워서도 쳐보고, 낮게도 쳐보고……. 이것이 가능해진다면 한 단계 더 나아가 휨의 정도, 탄도의 높낮이까지 조절하여 더욱 섬세한 컨트롤을 해봅니다. 그러다 보면 드로우(Draw)*나 페이드(Fade)*와 같은 고급기술도 가능해집니다. 이러한 연습과정을 반복하다 보면 애당초 우리의 목표였던 '똑바로 가는 공'을 보다 쉽게 만들어낼 수 있을 것입니다.

이렇게 다양한 구질을 만들어내는 연습은 또 하나의 특별한 능력을 키울 수 있습니다. 실전에서의 위기대처 능력이 그것인데, 각종 트러블 상황을 맞이할 때보다 효과적으로 대처할 수 있는 능력이 길러집니다. 즉, 아무리 어려운 상황이라도 그 상황에 맞는 적절한 샷을 구사할 수 있다는 것이죠. 왜냐하면 이미 그러한 연습을 해봤기 때문입니다.

드로우
똑바로 가다가 좌측으로 약간 휘어지면서 떨어지는 구질.

페이드
똑바로 가다가 우측으로 약간 휘어지면서 떨어지는 구질.

🚩 어프로치의 질적 연습

골프 실력은 쇼트 게임에서 좌우된다는 말이 있습니다. 혹자는 '쇼트 게임이 전부다'라고 말하기도 합니다. 그만큼 골프실력에서 차지하는 부분은 절대적입니다. 이렇게 쇼트 게임이 중요한 만큼 연습에 있어서도 각별한 방법이 있어야 합니다. 그러나 우리는 무심코 하는 연습에도 늘 실수투성이입니다.

앞서 언급한 바 있지만 우리는 연습을 시작할 때 되도록 몸에 무리를 주지 않도록 노력합니다. 즉, 어프로치-쇼트아이언-미들아이언-롱아이언-우드-드라이버 이렇게 점점 동작이 커지고 큰 힘을 써야 하는 클럽 순으로 이어갑니다. 이러한 패턴은 어프로치 연습을 할 때도 마찬가지입니다. 10m, 20m, 30m, 40m, 50m, 60m, 70m 그리고 마지막에 풀스윙을 합니다. 참 단계적이고 체계적이며 착실한 연습이라 생각이 듭니다. 하지만 모두 착각입니다. 여기에는 큰 함정이 숨어 있습니다.

스윙 크기에 있어 20m는 10m보다 약간 크게 하면 되고, 30m는 20m보다 약간 크게 하면 됩니다. 또한 40m는 30m보다 약간 크게 하면 되죠. 이러한 방식은 거리감을 맞추는 데 있어 항상 기준을 갖게 됩니다. 방금 시도한 거리에서 좀 더 거리를 보내는 것은 어렵지 않다는 말입니다. 필드에서는 오로지 단 한 번의 기회만 제공되는 상황을 염두에 둔다면 이러한 방법은 질적 효과를 떨어뜨리는 연습법입니다. 물론 초보단계에서는 이러한 연습이 필요합니다. 그러나 초보단계에 서일 뿐이지 초보단계를 벗어나기 위해서는 이와 같은 방식의 연습에서 머물러 있으면 안 됩니다.

따라서 어프로치 연습을 보다 질적으로 하기 위해서는 랜덤(Random) 형태의 거리 연습이 필요합니다. 10m, 50m, 20m, 80m,

30m 이렇게 무작위 추출법으로 말이죠. 여기에 방향도 달리 해준다면 금상첨화입니다. 한 가지 더 덧붙이자면, 이러한 방식을 빠르게도 시도해봅니다. 쓸데없이 생각하는 시간을 없애고 오로지 시각 정보에 반사적으로 반응하는 것입니다. 본능적인 거리감을 살리기 위한 효과적인 연습법이 될 것입니다.

이 장에서는 제가 생각한 질적 연습에 대해서 언급해보았습니다. 스윙과 골프의 속성을 충분히 이해했다면, 이제 여러분 스스로가 연습방법을 고안해보는 것은 어떨까요?

제 4 장

그린까지 가는 길

이 장에서는 티샷에서 그린까지 이르는 마음의 준비와
최적의 코스공략을 위한 올바른 생각에 대해서 알아봅니다.

> **우리의 뇌는 바라는 대로,
> 생각하는 대로,
> 믿는 대로 할 수 있는 능력이 있다.**

첫 티샷(Tee shot)은 어떻게 할 것인가?

01

스윙에 대한 올바른 이해와 더불어 올바른 연습방법이 터득되셨다면 이제 필드에 적용하는 일만 남았네요. 고지가 보입니다. 조금만 참고 힘내시길 바랍니다. 이제 드디어 필드로 나가보겠습니다.

골프하기 좋은 날, 계절의 여왕 오월입니다. 울긋불긋 철쭉과 진달래가 반기기라도 하듯 골프장 진입로에 들어서면서부터 흐드러지게 피어있습니다. 노란 개나리까지 한껏 봄의 기운을 뽐내고 있네요. 설레는 마음으로 지난 밤엔 잠까지 설쳤는데 꽃들의 향연에 이제는 가슴까지 두근두근합니다. 힐끗 보이는 푸른 잔디에 내 마음도 어느새 '나이스 샷!'을 외칩니다. 골프장 가는 길은 마치 설렘으로 가득한 오월의 신부와 같습니다.

여러분은 첫 경험을 어떻게 맞이하셨나요? 뭐든지 첫 경험에는 막연한 두려움과 기대 그리고 설렘이 있기 마련입니다. 가슴이 두근거리는 것이 모든 걸 말해줍니다. 처음으로 학교에 가고, 처음으로 비행기를 타고, 처음으로 회사를 다니고, 처음으로 이성을 만나고, 첫 키스를 하고, 결혼을 하는 모든 첫 경험은 설레이기 마련입니다.

'머리 올린다'고 말하는 골프장의 첫 경험. 저는 이렇게 처음을 맞이했습니다. 푸르디푸른 잔디밭을 걷는 것이 마냥 좋았고, 카펫 같은 그린을 밟아도 될까 조심스러웠고, 핀을 향해 포물선을 그리는 골프공이 경이롭기까지 했습니다. 그리고 캐디의 크고 둥그런 모자, 이것도 호기심의 대상이었습니다. 여러분도 다른 경험으로, 다른 느낌으로 처음을 맞이하셨을 것입니다. 여기까지는 뭐 멋모르고 두세 홀 새로운 경험을 만끽합니다. 그러나 이내 캐디의 따가운 눈총을 맞으면서 정신없는 18홀을 맞이하게 됩니다. 골프를 치러 온 건지, 뜀박질을 하러 온 건지, 끝나고 나면 정신없이 뛰어다닌 기억밖에 안 납니다.

저는 아직도 골프장에 들어서는 길이 설렙니다. 가슴이 두근두근, 그렇게 수많은 라운드를 했지만 첫 티샷을 하기 직전에는 아직도 긴장감이 있습니다. 오랜만에 필드를 나가면 더욱 그렇고요. 이것은 매주 시합을 나가는 선수들에게도 마찬가지입니다. 하물며 선수들이 그러한데 우리 김 사장님은 오죽하겠습니까? 그럼 어떻게 해야 첫 홀에서 부담감 없이 성공적인 티샷을 할 수 있을까요? 앞서 첫 홀 티샷에 대비한 연습방법을 일러드렸습니다만 뭐 고수마다 자기만의 노하우가 있을 것입니다.

일단 스트레칭을 충분히 해야 합니다. 스트레칭은 부상방지를 위해서라도 해야 함은 물론이고 그동안 연습했던 것을 온전히 해내기 위해서 꼭 필요합니다. '몸 안 푼다고 부상이 뭐 얼마나 있겠냐?'라고 생각하는 분들은 한번 아파봐야 정신이 들 것입니다. 근육은 워밍업이 안 되어 있는 상태에서 갑자기 힘을 주게 되면 놀라서 뭉치는 현상이 발생합니다. 소위 담이 왔다고 하는 근육통이 찾아오게 되죠.

이제 티에 공을 올려놓으면 긴장은 최고조에 달합니다. 긴장이 느껴지면 크게 심호흡을 해주는 게 좋습니다. 호흡이 심리적 안정감에 도움을 줄 것입니다. 연습 스윙을 할 때는 실제로 하는 것처럼 빠르게 휘두르면 안 됩니다. 그냥 편안하게 헤드의 무게감만 느끼면서 부드럽게 해야 합니다. 몸의 긴장을 유발하는 무리한 동작과 무리한 생각은 피해야 합니다. 절대로 어제 레슨 받은 스윙의 단편적인 생각을 해서는 안 되고 오로지 본능적으로 할 수 있는 감을 살립니다.

자, 이제부터가 중요합니다. 어디로 칠 것인지 표적을 정합니다. 마음의 목표는 가져야 하겠지만 좌우로 OB만 안 나게, 공이 삐뚤게 날아가도 살아만 있다면 성공이라는 긍정적인 마음자세가 필요합니다. 마음을 비우라는 이야기입니다.

몸이 안 풀린 첫 홀만큼은 부드럽고 자연스러운 스윙에 초점을 맞춰야 합니다. 첫 홀부터 힘주어 때리면 헤드의 움직임으로부터 손, 팔, 어깨, 허리, 무릎으로 연결되어지는 몸의 순차적인 반사동작에 방해를 주기 쉽습니다. 이렇게 첫 티샷은 신체적으로나 심리적으로나 무리가 되지 않도록 하는 것이 중요합니다. 공격적으로 하기보다는 수비적으로 해야 합니다. 이런 마음가짐이면 한결 여유 있는 스윙을 할 수 있을 것입니다.

이제 공을 때릴 때는 헤드의 움직임에 집중하면서 60~70% 정도의 힘으로 부드럽게 때려봅니다. 그러나 여기서 주의할 점은 '60~70% 정도의 힘'이라 해서 애써 헤드 스피드를 줄이려고 들면 절대 안 됩니다. 왜냐하면 의도적인 동작은 감각을 살릴 수도 없을 뿐더러 정확한 임팩트 타점을 만들어낼 수 없기 때문입니다. 또한 하체에서 상체로 이어지는 몸의 순차적인 동작도 자연스러울 수가 없습니다. 실수로 이어질 가능성이 매우 커진다는 이야기입니다. 따라서

'60~70% 정도의 힘'으로 하라는 것은 부드러운 동작이지만 아직은 본능적인 감이 살아 있음을 의미합니다. '때린다는 것'은 세게 때릴 수도 있지만 약하게 때릴 수도 있다는 점에 착안한다면 그 의미를 이해할 수 있으리라 생각됩니다.

만약 연습장이 갖춰진 골프장이라면 사전에 약간의 연습을 해보는 것을 추천합니다. 행여나 김 사장님처럼 확실한 감을 잡아보겠다고 몇 박스씩 치는 연습은 안 됩니다. 30~40개 정도가 적당하며, 그 이상은 연습의 효과보다는 힘만 빼는 일이 되고 맙니다. 질적 연습에서 강조한 '표적을 정하고 표적에 집중하는 연습'이 필요합니다. 그리고 연습을 통해 습득되어진 것을 확인하기보다는 본능적인 감을 점검하는 것이 중요합니다.

연습장을 나서기 전에 꼭 해야 할 일은 잘 맞았을 때의 감을 기억하고 공이 날아가는 그림을 머릿속에 새겨두는 것입니다. 그리고 이 산뜻한 기분을 첫 티샷 때 살려봅니다. 이렇게 좋은 기억을 머릿속에 띄워 놓고 샷을 한다면 본인도 놀랄만한 티샷이 나올 것입니다. 우리의 뇌는 바라는 대로, 생각하는 대로, 믿는 대로 할 수 있는 능력이 있기 때문입니다.

한 수 앞을 보는 티샷

4장 | 그린까지 가는 길

02

우리 김 사장님은 티 박스에 들어서기라도 하면 왠지 모를 불안감에 휩싸이기 시작합니다.

OB라도 나면 어쩌나, 뒤땅이라도 치면 어쩌나, 생크라도 나면 어쩌나 등등.

공이 잘못 맞는 것보다 더 겁나는 것은 망신이라도 당할까 하는 상상입니다. 예사롭지 않은 호흡과 사르라니 떨고 있는 바짓가랑이를 보고 있노라면 안쓰럽기까지 합니다. 맘속에서는 기도라도 하듯 '제발!'을 외치며 자신의 소망을 담습니다. '헛스윙만 하지 말자. 헛스윙만 하지 말자.' 하고 말이죠. 김 사장님 같은 하수의 생각은 이렇습니다만 어드레스에 들어서서 생각하는 것은 골프 실력에 따라 천차만별입니다. 다음은 티 박스에 오르면서 생각할 수 있는 내용들입니다. 실력 차이에 따라 한번 구분해보았습니다.

여러분은 어느 단계에 있나요? 잘 살펴보시고 제가 던지는 다음의 질문에 답을 해보시기 바랍니다.

평균 스코어	소망	등급
셀 수 없다	헛스윙만 하지 말자	그립마저 필드에서 처음 배운 무개념자
120~130	공만 띄워서 보내자	머리 올리러 나와 똥오줌 못 가리는 입문자
110~119	멀리만 보내자	이제 공이 뜨는 것으로는 만족이 안 되는 초짜
100~109	아 뒤땅 좀 안 쳤으면	임팩트 타령하기 시작하는 하수
90~99	슬라이스만 내지 말자	비로소 휘는 볼의 무서움을 느낀 평민
80~89	백스핀 좀 걸려라	꼴에 본 것은 있는 중수
73~79	OB만 내지 말자 살아만 있다오	제법 욕심을 버린 고수의 단계
72 이하	기쁘지도 슬프지도 아니하구나	무념무상의 초고수 단계

자, 과연 코스 공략을 염두에 둔 생각은 어느 단계부터일까요? 73~79타는 고수의 단계이지요? 흔히 '싱글'이라고 하는 단계입니다. 마치 끼워 맞추듯 단계를 나눈 것처럼 보일 수 있겠지만 70대에서는 이 말 말고는 더 좋은 말이 생각이 안 나더군요. 'OB만 내지 말자'에는 이런 의미가 내포되어 있습니다. 공이야 휘든 안 휘든, 공이 멀리가든 안 가든, 적당히 세컨드 샷만 할 수 있는 지점으로만 가면 성공입니다. 스윙 자체의 문제점을 생각하기 보다는 '스코어를 어떻게 만들 것인가?'에 초점이 맞춰져 있습니다. 즉, 자신의 스윙을 코스에 적용시키는 단계라 할 수 있습니다. 이것을 일컬어 '코스 공략' 또는 '코스 매니지먼트'라고 합니다. 공이 '똑바로 가느냐, 안 가느냐'가 관건이 아니고 '내가 보내고자 하는 곳으로 떨어지느냐, 안 떨어지느냐' 하는 결과론적인 생각을 해야 하는 단계죠.

우리 김 사장님께서는 드라이버 샷이 조금만 삐뚤게 가도 투덜투덜 댑니다. 세컨드 샷도 그린이 어떻게 생겼는지는 관심이 없고 무조건 깃대만 보고 쏩니다. 매니지먼트는 말할 것도 없고 똑바로 보내는 것만이 공략입니다. 공이 똑바로 다녀야 골프를 잘 치는 것이라 생각하는 단계죠. 이 장에서 이야기하고 싶은 내용은 '홀마다 스토리를 만들자'는 것입니다. 파를 만들어내는 계획서라고나 할까요? 여러분도 알다시피 18홀 모두 파를 기록하게 되면 72타라는 경이적인 스코어를 기록하게 됩니다. 주말 골퍼에겐 '평생 한 번 쳐볼 수 있을까?' 하는 꿈의 스코어죠. 그래서 매 홀 파를 할 수 있는 계획을 세워보고자 합니다.

코스 설계자는 공이 쉽게 갈만한 곳에 함정을 만들어 놓기 마련입니다. 우리는 아무 생각 없이 티샷을 하게 되면 벙커나 해저드로 가는 경우를 맞이하게 됩니다. 휘어진 홀이라면 생각지 않은 OB가 나기도 합니다. 코스 공략이라는 것은 이런 위험요소를 피해 안전한 착지지점을 찾는 것으로부터 시작됩니다. 흔히 말하는 IP(Intersection point)지점이 그것이죠. 코스 공략은 설계자와의 머리싸움이라고 해도 과언이 아닙니다.

일단 위험요소를 피하기 위해서는 경우에 따라 우드 3번이나 아이언으로 티샷을 하는 경우도 있습니다. "내 사전에 아이언 티샷은 없다. 드라이버를 쳐야 골프를 치는 것 같다"라고 말하는 사람은 만년 백돌이 신세를 면치 못합니다. 위험요소를 피하려는 생각을 가장 먼저 해야 합니다. 그 다음은 세컨드 샷을 치기 좋은 자리를 찾아야 합니다. 내리막이나 오르막 같은 트러블 샷을 하지 않도록 말이죠. 그 다음에 한 가지 더 고려해본다면 자신 있는 거리를 남겨두는 것도 생각해볼 수 있습니다. 티샷을 아무 생각 없이 똑바로만 치려 한다면 김 사장님과 같은 등급의 하수 골퍼입니다. 이런 하수에서 벗어나려면 다음과 같은 생각이 필요합니다.

그린이 좀 더 많이 보이는 곳으로 갖다 놓자.
내리막(오르막) 세컨드 샷은 피하자.
세컨드 샷이 오히려 짧게 남으면 위험하다.
그린 입구를 공략할 수 있는 곳으로 갖다 놓자.
편안하게 쓰리 온으로 가자.
저 나무를 피해야 세컨드 샷이 가능하다.
러프에 들어가더라도 OB가 나지 않도록 하자.
위험한 페어웨이보다 안전한 러프가 낫다.
세컨드 샷이 길게 남지만 안전한 공략을 하자.

이 생각들은 모두 공통점이 있습니다. 혹시 그 공통점이 무엇인지 찾을 수 있나요? 그것은 바로 '한 수 앞을 보는 것'입니다. 당장 지금의 샷을 어떤 방법으로 할 것인가? 혹은 어떤 감으로 칠 것인가? 와 같은 생각들은 1차원적 생각입니다. 이보다는 티샷 이후의 상황, 즉 세컨드 샷을 보다 유리하게 칠 수 있는 곳 또는 그린을 보다 효과적으로 공략할 수 있는 곳 등의 2차 상황을 염두에 둔 티샷이 필요합니다. 이것이 바로 '스코어를 관리한다'는 개념에서 생각할 수 있는 방법이고 파를 위한 계획서라고 이야기할 수 있습니다.

이렇게 2차 상황을 생각할 수 있느냐 없느냐의 문제는 골프에서만 중요한 것이 아닙니다. 당구에서도 똑같은 개념으로 고수와 하수의 경계를 구분 짓기도 합니다. 일명 '가야시(かやし)'라고 불리는 이 기술은 우리말로 '모아치기'라 합니다. 이것 역시 2차 상황을 염두에

둔 전략으로써 당구에서는 다득점을 위한 필수 기술입니다. 다음 포인트를 염두에 두고 공의 위치를 유리하게 몰아가는 것입니다.

당구 하수들 역시 다음 샷에는 관심이 없습니다. 오로지 당장의 포인트에만 급급합니다. 고수들이 이런 하수의 모습을 보고 있노라면 답답하기 그지없습니다. 옆에서 말을 해줘도 자기 멋대로 치게 놔두라고 성화를 해대는 모습은 골프에서 김 사장님의 모습과 어쩜 그렇게 똑같은지 모르겠습니다. 그래도 이 골프는 세 수, 네 수 앞을 보지 않아도 되니 얼마나 다행입니까? 바둑에서 고수가 되려면 한 10여 수 정도는 앞을 내다보고 착점을 해야 합니다. 저같이 아둔한 사람에게는 골프가 제격입니다.

어쨌든 이렇게 티샷에 대한 효과적인 방법을 생각해보았습니다. 일단 똑바로만 보내자, 일단 거리부터 내고 보자는 심산은 점수를 까먹기 딱 좋습니다. 골프는 확률 게임을 잘해야 고수가 될 수 있습니다. 그 확률이라는 것은 점수를 까먹지 않을 확률을 말하는 것이죠.

4장 | 그린까지 가는 길

03 깃대 보고 쏘고 싶지?

첫 티샷을 마치고 페어웨이로 나오는 길은 마치 희망에 찬 새해 아침과도 같습니다. 뭐가 그렇게 신이 났는지 왁자지껄 떠들기 바쁩니다. 완연한 봄날의 날씨라면 이보다 더 좋은 골프가 없을 것만 같습니다. 자, 이제 티샷한 공까지 왔습니다. 세컨드 샷을 해야겠네요. 이제 여기서는 그린을 향해 샷을 해야 합니다. 일단 티샷을 하고 나면 ①티샷이 원하는 곳으로 떨어진 경우와 ②그렇지 않은 경우 이렇게 두 가지 상황을 맞이할 것입니다.

▶ 티샷이 원하는 곳으로 떨어진 경우

먼저 티샷이 원하는 곳으로 떨어진 공부터 쳐볼까요? 계획대로 왔으니 마음은 일단 편안합니다. 자신감도 더 붙겠죠? 골프는 생각대로 됐을 때 참 재미가 납니다. 아이쿠~, 저기 김 사장님은 머리만 슬쩍 보이는 깊은 벙커에서 허우적대십니다. 티샷이 원하지 않은 곳으로 떨어진 모양입니다. 여기서 우리는 세컨드 샷의 목적을 확실히 해둘 필요가 있습니다. 그 목적은 바로 그린 온(Green on)이 되어야 합니

==다. 핀에 가깝게 붙일 수 있느냐는 나중 문제입니다.== 공이 그린 밖으로 나가는 일이 절대 없어야 한다는 말입니다. 이러한 그린 공략에서 바로 하수와 고수로 나뉘게 됩니다.

김 사장님 같은 분은 무조건 깃대만 보고 쏘려 합니다. 깃대 옆에 착착 들러붙는 프로들의 모습을 떠올리며 자신도 TV 속 주인공이 된 듯 착각합니다. 그래서 하수를 못 벗어나는 것입니다. 여기서 프로선수들의 비밀을 하나 알려 드립니다. 프로들이 핀에 착착 갖다 붙이는 것 중에는 실수로 붙는 게 더러 있습니다. 뭔 말이냐고요? 그린 온을 목표로 안전하게 그린 중앙을 보고 쳤는데 슬라이스가 나서 오른쪽 귀퉁이에 있는 깃대로 착 붙는 것을 말합니다. 그러고 나서 실력으로 친 것 마냥, 아무 일 없다는 듯 포커페이스(Poker face)를 유지합니다. 뭐 헛기침을 한 번 정도 하는 프로들은 그래도 양심이 있는 사람들입니다. 농담이 아니고 프로들은 그린 온(Green on)이 우선이라는 것을 너무 잘 알고 있기 때문에 무조건 핀만 보고 쏘려 하지 않습니다.

해저드 건너 바로 앞에 핀이 있는 경우도 마찬가지입니다. 보통은 길게 치잖아요? 오른쪽 그림과 같은 그린에서 칠 때 깃대가 좌측 혹은 앞에 꽂혀 있다고 가정을 해보세요.

해저드 건너 바로 앞에 핀이 있는 경우

여러분 같으면 깃대를 바로 보고 공략을 할 수 있겠습니까? 물에만 안 빠진다면 정말 다행입니다. 새가슴이 되는 것은 프로라고 예외가 아닙니다. 바람이라도 분다면 정말 그린 온만 됐으면 하는 마음뿐입니다. 이런 상황에서 귀퉁이에 있는 핀에 붙였다면 자신의 실수를 순순히 인정하는 사람이 양심 있는 사람입니다. 하여튼 온이 안 돼서 어프로치를 하는 것보다 퍼팅을 하는 것이 훨씬 안전하고 유리하다는 말을 하고 싶습니다. 실리를 취할 수 있는 길을 선택해야 한다는 이야기입니다. 그래서 저는 이렇게 당부를 드립니다.

> 김 사장님처럼 매번 버디하려고 덤비지 마세요. 우리 계획은 애당초 '버디'를 위한 플레이가 아니고 '파'를 위한 플레이입니다.

위험요소가 없다면 당연히 깃대를 보고 쏴야 합니다. 그러나 위험요소가 있거나 핀이 한쪽에 쏠려 있거나 한다면, 안전한 공략을 위해서 그린 중앙 쪽을 공략해야 합니다. 그래서 여러분들께 제안을 해봅니다. 깃대의 위치에 상관없이 18홀 내내 무조건 그린 중앙으로만 공략하는 것입니다. 우리는 알고는 있지만 실천을 하지 않아 성공하지 못하는 사람들을 수없이 봅니다. 한 라운드만 눈 딱 감고 이렇게 실천해보시기 바랍니다. 놀라운 결과를 맞이할 수 있습니다.

⚑ 티샷이 원하지 않은 곳으로 떨어진 경우

자, 이제 두 번째로 티샷이 원하지 않은 곳으로 떨어졌을 때를 생각해봐야겠네요. 어려운 세컨드 샷이 남았다고 실망하지 마십시오. 아직은 파를 할 기회가 있고 여전히 가능성은 남아 있습니다. 왜냐하면 아직 공이 살아 있으니까요.

풀스윙이 가능한 지역이라면 별 문제 없겠지만 그렇지 않은 경우는 정말 문제입니다. 스탠스도 안 나와, 백스윙도 안 돼, 채 부러지게 생겼어……. 볼 치기가 아주 어려운 경우입니다. 이런 곳에서는 연습장에서의 스윙은 절대로 생각하면 안 됩니다. 수단과 방법을 가리지 말고 공을 쳐내야 합니다. 아주 창조적인 생각을 해야 합니다. 장작을 패는 샷을 해도 괜찮고 도끼질 같은 샷을 해도 괜찮습니다. 여기서의 목표는 그린이 아닙니다. 물론 조금이라도 그린에 가깝게 붙이려는 시도는 해야겠지만 좁은 나무 사이로 보낸다거나 높은 나무숲을 넘기려 한다든가 하는 무리한 샷은 안 됩니다. 오로지 다음 샷을 무리 없이 할 수 있는 곳으로 공을 쳐낸다면 대성공입니다. 행여 그린에서 멀다고 해도 실망할 필요가 없습니다. ==아직도 파의 기회는 남아있고 그 가능성은 살아 있기 때문입니다. 우리는 이것을 가슴으로 믿는 것이 중요합니다.==

우리 김 사장님께서는 티샷이 좋지 않아 샌드 벙커로 빠졌군요. 벙커 턱도 좀 높고, 벙커 샷에도 자신 없고 해서 벌써부터 '아 젠장 이 홀에서는 파를 못 하겠네'라고 생각했다면 보기만 나와도 다행입니다. 2002년 한·일 월드컵이 생각납니다. 우리 한국 대표팀이 어떻게 4강까지 올라갈 생각이나 했겠습니까? 붉은악마 응원단의 카드섹션이 생각이 나네요. "꿈은 이루어진다!" 우리의 뇌는 바라는 대로, 생각하는 대로, 믿는 대로 할 수 있는 능력이 있습니다. 내 자신을 끝까지 믿는 것입니다.

티샷을 똑바로 멀리만 보내려는 김 사장님은 하수 골퍼입니다. 세컨드 샷 역시 마찬가지입니다. 위험요소를 고려하지 않고 깃대만 보고 치려는 생각, 주변상황을 고려하지 않고 깃대에 가깝게만 붙이려는 생각들은 역시 하수 골퍼의 발상입니다.

온만 시키자. 어프로치만 할 수 있는 곳으로 보내자(벙커도 좋다). 이 상황에서 탈출만 하자. 진심으로 이러한 생각을 갖고 또한 그 결과에 대해서 만족할 수 있을 때, 비로소 고수로 갈 수 있는 진정한 마음 상태를 가지게 됩니다. 그것은 바로 불필요한 욕심을 버리는 것부터 입니다.

아직도 파는 할 수 있어!
(어프로치)

세컨드 샷을 잘 해서 파 온(On)*에 성공했다면 이제 파를 기록할 수 있는 확률이 꽤 높아졌습니다. 투 퍼팅만 하면 파가 되니 말이죠. 퍼팅에 대한 이야기는 다음 장부터 한바탕 궁리해볼 요량입니다. 문제는 세컨드 샷을 실패해서 파 온이 안 되었을 때입니다. 이 장은 성공적인 어프로치에 관한 이야기입니다.

 그린 온이 안 되었다고 해서 애써 보기의 그림자를 찾으려는 사람은 파에 대한 희망을 너무 일찍 포기한 것입니다. 해보지도 않고 말입니다. 자신의 본능, 즉 자신의 잠재된 능력을 못 믿는 분이기도 합니다. 다시 한 번 강조하지만 파를 할 수 있다는 희망을 쉽게 버리면 아니 됩니다. 우리는 끝까지 물고 늘어져야 합니다. 우리의 뇌는 바라는 대로, 생각하는 대로, 믿는 대로 할 수 있는 능력이 있기 때문입니다. 고수의 마음을 속속들이 들여다볼 순 없지만 이것이 고수의 숨은 마음 중 하나일 것입니다.

파 온(Par on)
파 3홀에서 1온,
파 4홀에서 2온,
파 5홀에서 3온
하는 것.

섬세한 어프로치는 어떻게 할 것인가?

자, 이제 30m 이내의 어프로치 샷을 남기고 있습니다. 붙이기만 한다면 계획대로 파를 할 수 있습니다. 투 온(Two on) 투 퍼팅(Two putting)도 파지만 쓰리 온, 원 퍼팅을 해도 똑같은 파입니다. 우리는 쓰리 온, 원 퍼팅의 파를 더 잘해야 합니다. 이것을 '잘하느냐 못 하느냐.' 또한 고수와 하수의 경계입니다.

어프로치를 할 때 우리는 보다 정확한 거리 체크를 위해 걸음 수를 세기도 합니다. 그러나 이렇게 수치화해서 인지하는 것은 좋지 않습니다. 여기서는 어떠한 계산식도 필요치 않습니다. 이것은 보다 섬세한 어프로치에 도움이 될 것 같은 기대를 갖게 하지만 사실 이것은 함정입니다. 운동감각은 머리로 계산해서 나오는 것이 아니라 그냥 보고 느끼는 대로 시도할 때 더욱 정확하게 살릴 수 있기 때문입니다.

우리의 뇌는 눈으로 입력한 거리 정보를 그대로 다시 운동감각으로 출력할 수 있는 탁월한 능력이 있습니다. 손으로 직접 공을 던져서 어프로치를 해본다면 그 까닭을 알 수 있습니다. 실제 샷 역시 이렇게 손으로 던지는 듯한 느낌을 갖는 것이 좋습니다. 탑핑만 쳐대서 온탕, 냉탕을 반복하는 우리 김 사장님은 인간의 탁월한 그 능력을 못 믿는 것이고, 그것은 곧 본인의 잠재 능력을 믿지 못하는 것이기도 합니다.

거리체크를 한 후에는 종합적인 상황을 고려해 어떤 종류의 샷을 할 것인지를 결정해야 합니다. 가령, 장애물이 있으면 띄워야 할 것이고, 그렇지 않다면 굴려야 할 것이고, 얼마만큼 띄워서 얼마만큼 굴릴 것인지, 그린에 바로 떨어뜨릴 것인지, 프린지(Fringe)*에 떨어뜨릴 것인지, 어떤 클럽을 선택할 것인지 등입니다. 이런 종합적인 판단이 끝났다면 그린의 경사를 감안하여 최종 낙구지점을 찍습니다.

이제 하고자 하는 샷을 빈 스윙으로 연습해봅니다. 이렇게 스윙

프린지
퍼팅그린의 가장자리 구역.

크기를 가늠하면서 마지막으로 가장 중요한 과정이 남았습니다. 그것은 바로 내가 해야 할 샷을 이미지(Image)하는 것입니다. 공이 사뿐히 떠오른 후 스르륵 굴러가서 쏙! 들어가는 모습을 상상합니다. 이것은 섬세한 플레이를 위한 밑그림으로서 매우 중요한 작업입니다. 우리의 뇌는 바라는 대로, 생각하는 대로, 믿는 대로 할 수 있는 능력이 있기 때문입니다.

이런 방법으로 어프로치를 계속 하다보면 무엇인가 깨달음을 얻을 수 있습니다. 그것은 프로들의 섬세한 어프로치가 어떻게 해서 나오는지 그리고 누구라도 해낼 수 있는 일이구나 하는 것에 대한 깨달음입니다. 이러한 방법이 '본능'이고 '감각'이고 '감'이라는 것입니다. 이것을 살려내는 일 자체가 '집중'이고, 이것을 할 수 있다는 믿음이 바로 '자신감'입니다. 정말이지 골프를 잘할 수 있는 비결이 여기에 3종 세트로 모두 포함되어 있습니다. 이것이 바로 '생각하는 기술이 움직이는 기술을 지배하는 순간'입니다.

🚩 어프로치는 '홀인(Hole in)'이 목적이다

보통 어프로치의 목적을 홀에 붙이는 것으로만 여기는 경우가 있습니다. 또는 어프로치를 그러한 마음으로 하라고 가르치기도 합니다. 그러나 이것은 홀인에 대한 진짜 자신감이 없는 사람들의 자기 합리화의 표현입니다. 다시 말해 진짜 어프로치를 하는 법을 모르는 사람들의 이야기입니다. 붙이는 마음으로 한다는 것은 홀인의 확률을 거의 생각하지 않고 하는 것입니다. 들어갈 확률이 정말 없을까요? 이런 질문을 받는다면 '없다'라고는 말 못할 것입니다. 확률이라는 것은 산술적으로 정말 눈곱만큼이나 작습니다. 그러나 그것을 가슴으로 믿고 하는 것과 그렇지 않은 것에는 큰 차이가 있습니다.

이것은 엄밀히 따지자면 마음속에 표적이 있느냐 없느냐의 문제입니다. 그냥 '붙이자'는 생각은 마음속에 있는 표적이 두루뭉술한 것입니다. 이에 반해 '홀인'의 믿음을 가지고 때리는 샷은 마음속에 표적이 확실하게 그려져 있는 것을 뜻합니다. 이것은 질적 연습에서 표적에 관한 이야기를 할 때 강조한 부분이기도 하지만, 홀인의 마음은 우리 온 몸의 감각과 신경을 표적에 민감하게 반응시키는 것을 뜻합니다. 이렇게 할 때 우리는 동물적 감각을 바탕으로 한 섬세한 거리감을 발현시킬 수 있습니다. 앞서 언급한 샷 이미지도 홀인을 굳게 믿기 위한 사전작업입니다. 따라서 어프로치를 할 때 또는 퍼팅을 할 때도 항상 홀에 직접 넣는다는 기분으로 해야 합니다. 어프로치 샷의 본질은 애당초 홀에 넣는 것이 아니었습니까? 이러한 정신적 메커니즘을 이해하고 실행할 때 더욱 더 홀에 붙일 수 있습니다. 이것 역시 고수의 숨은 비결입니다.

🚩 임팩트의 확률을 높이자

어프로치를 보다 효과적 또는 성공적으로 수행하기 위해서는 임팩트 확률에 대한 이해가 있어야 합니다. 어프로치는 정확한 임팩트가 나와야지만 깃대에 붙일 수 있습니다. 물론 실수로 붙이는 경우도 있기는 합니다만 깔끔한 임팩트가 확률이 높습니다. 이런 깔끔한 임팩트를 위해서 다음과 같은 방법을 추천해드리고 싶습니다.

특별한 장애물이 없다면 굴리는 쪽의 어프로치를 먼저 생각합니다. 이렇게 굴리는 쪽을 먼저 생각해야 하는 이유는 굴리는 것이 거리감을 맞추기도 쉽고 임팩트의 확률을 더 높일 수 있는 방법이기 때문입니다. 즉 굴리는 것이 띄우는 것보다 훨씬 안전하고 유리하다는 말입니다. 따라서 어프로치 하는 클럽을 샌드웨지나 피칭웨지에만 국한하지 말고 9, 8, 7번 등 모든 클럽을 사용할 수 있는 사고의 유연함을 가져야 합니다. 가끔 프로들 시합에서는 우드로 어프로치 하는 모습을 보신 분들도 있을 것입니다.

띄우는 것이 굴리는 것보다 어려운 이유를 생각해보자면 다음과 같습니다. 첫 번째로는 다운스윙의 접근 각도가 굴릴 때의 접근 각도보다 더 가파르게 떨어집니다. 이것은 일정한 탄도와 일정한 런(Run)에 영향을 미칩니다. 정확도가 떨어지는 것이죠. 두 번째로는 띄우는 것은 굴리는 것보다 손목을 더욱 많이 써야 합니다. 이것은 타이밍적 요소를 많이 필요로 하기에 더 많은 연습을 해야 합니다. 곧 죽어도 어프로치는 샌드웨지로만 해야 한다는 우리 김 사장님은 탑핑, 뒤땅을 쳐대면서 온탕, 냉탕을 일삼죠. 그리고 애꿎은 채만 탓합니다. "아이고! 이놈의 채를 갖다 버리든지 해야지."

다시 말하지만, 일단 굴리는 어프로치를 먼저 생각하고 벙커나 마운드와 같은 장애물이 있을 때 그제야 띄우기를 고려하는 것이 성공적인 어프로치를 위한 지름길입니다.

🚩 퍼터가 가장 좋은 어프로치 클럽

임팩트의 확률을 생각하면 14개의 클럽 중 퍼터가 가장 유리한 클럽입니다. 따라서 그린 주변에 공이 떨어졌다면 퍼터의 사용가능 여부를 가장 먼저 생각해야 합니다. 그 어떤 어프로치 클럽보다 가장 성공적으로 할 수 있기 때문입니다.

그런데 보통의 아마추어들은 퍼터를 적극적으로 사용하지 못합니다. 여기에는 몇 가지 이유가 있습니다. 첫 번째는 퍼터를 그린 위에서만 사용해야 한다는 고정관념 때문입니다. 퍼터를 사용하기 좋은 조건에서도 깜빡 잊고 웨지를 들고 마는 것입니다. 두 번째는 동반자들의 눈을 의식하는 생각에 있습니다. 멋진 어프로치를 보여줘야 하는데 폼 안 나게 퍼터로 하는 것을 용납하지 못하죠. 세 번째는 어프로치가 더 쉽다고 생각하는 착각에 있습니다. 어프로치는 계획한 대로 정확한 임팩트가 이루어져야 성공할 수 있지만 퍼터는 그보다 조금 부정확해도 성공할 확률이 높습니다.

특히, 이른 봄이나 겨울에는 보다 적극적으로 퍼터를 사용해야 합니다. 왜냐하면 겨울 잔디는 성장을 하지 않기 때문에 굴러갈 때의 마찰력이 여름보다 작기 때문입니다.

🚩 경사도를 감안한 클럽 선택

어프로치 클럽 선택을 위해서는 또 한 가지 요소인 라이(Lie)를 고려해야 합니다. 클럽 본연의 로프트에서 경사도를 감안한다면 샌드웨지가 피칭웨지의 탄도가 나오기도 하고, 피칭웨지가 샌드웨지의 탄도가 나오기도 합니다. 가령 $30°$ 정도의 오르막 지형에서 $56°$ 웨지로 어프로치를 시도한다면 '$30°+56°=86°$'이라는 계산이 나옵니다. 이런 계산에서 $86°$ 웨지를 들고 어프로치를 하면 어떻게 될까요? 평소의 스윙 크기대로 스트로크를 한다면 볼이 솟구쳐 바로 코앞에 떨어지는 꼴을 지켜볼 수밖에 없습니다.

실제 오르막 지형에서 어드레스를 취하게 되면 로프트가 세워지기 때문에 $86°$까지 나오진 않을 것입니다. 그러나 $56°$보다 더 큰 로프트를 가지고 하는 것은 분명하기에 탄도가 많이 뜨는 것을 예상해야 합니다. 따라서 더 큰 스윙을 하든지 혹은 로프트가 낮은 클럽을 선택하든지 해야 합니다. 내리막 지형 역시 똑같은 개념에서 반대로 생각하면 됩니다. 내리막 지형에서는 원래 로프트보다 작아질 테고, 런(Run)도 많이 발생할 것입니다. 경사진 곳에서 어프로치할 때는 반드시 고려할 사항입니다.

4장 | 그린까지 가는 길

05

퍼팅은 또 하나의 게임!

모두 어프로치는 잘 치셨나요? 1m 이내에 붙였다면 계획대로 파를 할 수 있는 가능성이 매우 높아졌습니다. 그렇지 않고 좀 긴 퍼팅을 남겨놨다고 해서 벌써 또 포기하시는 건 아니겠죠? 우리 김 사장님처럼 '아~, 젠장! 보기 하겠네.' 하며 해보지도 않고 또다시 애써 실패의 그림자를 찾으려는 것은 아니지요? 그러다 쓰리퍼팅 하게 됩니다. 끝까지 물고 늘어진다는 마음의 자세가 중요합니다. 아직도 파의 기회는 남아있고 그 가능성은 살아 있기 때문입니다. 우리는 이것을 가슴으로 믿는 것이 중요합니다. 우리 뇌는 바라는 대로, 생각하는 대로, 믿는 대로 할 수 있는 능력이 있기 때문입니다.

누군가 '모로 가도 서울만 가면 된다'고 했죠? 우리 김 사장님은 한 홀, 한 홀이 멀고도 험한 길입니다. 잘 따라오신 분들이라면 파를 위한 기회를 맞이할 수 있겠지만, 그렇지 않은 분들은 양파에 눈물을 머금을 수도 있겠네요.

**퍼팅은 또 하나의 게임!
드라이버는 쇼(Show)이고, 퍼팅은 돈이다!**

퍼팅은 참 묘한 매력이 있습니다. 쉬울 것 같으면서도 결국 제일 어려운 것이 퍼팅입니다. 그래서 '퍼팅은 게임 안에 또 하나의 게임'이라고 부르는가 봅니다. 드라이버 샷과 같은 롱게임은 조금 실수한다 해도 파를 할 수 있는 여지가 아직 남아 있습니다. 그러나 퍼팅은 조금이라도 실수를 한다면 바로 타수에 직결되기 때문에 상대적인 중요도가 훨씬 높다고 할 수 있습니다. 그래서 우리는 이러한 평범한 진리를 다시금 되새길 필요가 있습니다.

250m를 넘나드는 호쾌한 드라이버 샷도 한 타!
10cm밖에 안 되는 아주 짧은 거리의 퍼팅도 한 타!

실속을 차리기 위해서는 퍼팅이 가장 중요하다는 의미입니다. 따라서 골프 연습 시에는 샷 연습보다 퍼팅 연습을 더 많이 해야 한다는 논리가 성립됩니다. 그러나 동네골프를 하시는 여러분은 어떠신지요? 혹시 풀스윙 연습에만 매진하고 있지는 않으신지요? 우리는 이렇게 퍼팅 연습을 등한시하기도 하지만, 퍼팅 연습을 한다 해도 편협한 생각으로 하곤 합니다. 그것은 퍼팅을 잘하기 위한 방법으로 '스트로크*를 어떻게 해야 하느냐?' 하는 문제에만 관심을 두는 경향이 있다는 것입니다. 이러한 현상을 증명이라도 하듯 골프를 가르칠 때면 다음과 같은 질문을 좀처럼 받을 수 없습니다.

스트로크
공을 치기 위해 클럽을 움직이는 동작.

"어떻게 해야 그린을 잘 읽을 수 있나요?"
"어떻게 해야 조준을 잘할 수 있나요?"

이 질문처럼 '스트로크를 어떻게 해야 하느냐?'의 문제도 중요한 부분이긴 하지만 결코 이것만 가지고 퍼팅을 잘할 수 있는 것은 아닙니다. 그린 파악과 조준이 잘 안 된 상황에서는 아무리 좋은 스트로크라 할지라도 홀인을 성공시킬 수 없다는 이야기입니다. 퍼팅을 잘하는 비결은 일단 이렇게 3단계로 정리해볼 수 있습니다. ①그린 경사 잘 읽기(그린 파악), ②본 대로 잘 서기(조준), ③선대로 똑바로 잘 치기(스트로크).

이 세 가지는 퍼팅을 잘하기 위한 필요조건입니다. 이것들 중 어느 하나라도 빠진다면 퍼팅 실력은 보장받을 수 없습니다. TV 속 프로 선수들의 예술 같은 퍼팅 솜씨에는 뭔가 특별한 방법이 있어 보입니다만, 사실 퍼팅을 잘하는 기술에 특별한 방법은 없습니다. 여기서 제시한 세 가지만 잘한다면 퍼팅 고수는 시간문제입니다. '깨달음'은 풀고자 하는 답을 멀리서 찾아 헤매다가 비로소 내 앞에 아주 쉬운 곳에 있었다는 사실을 알았을 때 '깨달음'이라고 하지 않나 생각해봅니다. 퍼팅뿐만 아니라 스윙도 그렇고 모든 골프 기술은 이와 같이 아주 쉬운 곳에 있습니다. 이 책도 그러한 '깨달음'을 주고자 하는 것입니다.

첫 번째
'그린 경사 잘 읽기'

퍼팅을 잘하기 위해서는 가장 먼저 그린의 경사 파악을 잘해야 합니다. 그린 경사를 읽는다는 것은 공이 굴러가는 라인을 정확하게 예상해보는 작업이라고 할 수 있습니다. 이러한 작업에서는 여러 가지 정보를 참고하여 최적의 퍼팅라인을 찾는 일련의 과정이 필요합니다. 다음의 주의사항을 숙지하여 퍼팅 고수로 거듭나시길 바랍니다.

그린 전체의 모양을 파악하라

첫 번째는 그린에 올라가기 전부터 그린의 전체적인 형태를 감지하는 것입니다. 아무 생각 없이 올라와서 전체를 파악하고자 하면 착시로 인해 혼란스러울 때가 더러 발생하죠. 그린을 포함한 그린 주위의 지형까지 가능한 한 멀리서부터 살펴보는 것이 좋습니다.

우선 그린에 올라서면 어디가 제일 높고 낮은지를 파악하기 위해 그린에 형성된 마운드를 찾아 어떻게 경사가 흐르는지 살펴봅니다. 보통은 산에서 계곡 쪽으로 또는 연못이나 배수로 따위의 물이 흘러가는 방향으로 고도차를 보입니다. 빠른 배수를 위한 설계가 포함되어 있다고 보시면 됩니다. 그리고 코스를 설계할 때 그린에 접근하는 입구를 설정하게 되는데 보통은 낮은 쪽에서 접근하도록 설계가 이루어집니다. 이 말인즉슨 뒤쪽이 앞쪽보다 낮은 그린은 흔치 않다는 이야기입니다.

다른 관점에서 보자면 그린을 설계할 때 세컨드 샷을 친 공이 그린에 떨어진 후 되도록 도망가지 않도록 설계가 이루어진다고 볼 수 있습니다. 이런 그린을 일컬어 '공을 잘 받아주는 그린'이라고도 합니다. 이렇게 일반적인 그린의 형태가 아니라 잘 받아주지 않는 그린이라면 우리가 느끼기에 어려운 그린이 됩니다. 핀에 붙이기가 어려워지는 것이죠. 이런 그린에서는 캐디 분들이 당부의 말을 꼭 합니다. '뒤쪽이 내리막이니 짧게 치는 것이 좋습니다.' 혹은 '왼쪽이 내리막이니 오른쪽으로 치는 것이 좋습니다.' 하고 말이죠. 이렇게 그린 전체의 모양은 공과 홀 사이의 경사를 파악하는 중요한 정보입니다. 특히 경사도가 미세하거나 판단이 잘 안 서는 지형에서는 반드시 참고해야 할 단서입니다.

공과 홀 사이의 경사는 다각도로 살펴보자

전체의 그린이 파악됐다면 홀과 공 사이의 경사를 살펴봅니다. 경사가 눈에 보이게 차이가 있다면 별 문제 없이 라인을 결정하면 되겠지만, 그린 위의 경사가 복잡할 때는 전후좌우에서 살펴보는 것이 좋습니다. 퍼팅은 확고한 판단이 설 때 성공확률이 높아집니다. 따라서 많은 정보를 토대로 한 결단은 스스로를 더욱 신뢰할 수 있도록 만들 것입니다. 그러나 주의할 점이 있습니다. 되도록 많은 정보를 수집하기 위해서는 빠른 걸음이 필요합니다. 상대를 배려하지 않고 늑장을 부리면 눈총 맞기 쉽다는 것을 여러분은 알고 계시죠? 그래서 되도록 가장 먼저 그린에 올라가려고 노력해야 하고 항상 습관적인 행동루틴이 있어야 합니다. 가령, ①우선 반대편에서 본다. ②공쪽으로 오는 길에 옆에서 본다. ③공 뒤로 와서 최종 확인한다. 이런 순서입니다.

홀 주변에서 많이 꺾인다

경사를 읽는 테크닉 중에는 홀 주변의 경사를 충분히 감안해야 하는 것이 있습니다. 여기에는 두 가지 이유가 있습니다. 첫 번째로 경사가 있는 퍼팅을 할 때에는 공의 스피드가 감속될수록 점점 더 많이 꺾이게 됩니다. 또한 공의 스피드가 감속될수록 잔디 결에 따라 영향을 더 크게 받을 수 있습니다. 이러한 이유로 홀 주변에서는 미리 계획한 라인과 다르게 진행될 수 있습니다. 대부분 더욱 큰 곡선의 라인을 요구하게 되는데 이 점에 대해서는 뒤에 '프로라인'이라는 이름으로 자세히 다루도록 하겠습니다.

두 번째 이유는 홀 주위의 다져진 잔디에 있습니다. 홀 주변 1m 정도 이내는 많은 사람들이 밟는 곳입니다. 그래서 다른 곳보다 많이 다져질 수밖에 없습니다. 물론 항상 그런 것은 아니지만 골프장 관리 수준에 따라 하루 종일 홀을 옮기지 않는 곳이 더러 있습니다. 이렇게 많이 다져진 홀 주변은 공이 구르는 스피드를 증가시키고 더 심한 곡선의 라인을 필요로 합니다. 이러한 이유로 배려심이 많은 프로선수들 중에는 경기 중에도 되도록 홀 주변의 잔디를 밟지 않기 위해 노력합니다. 홀인(Hole in)된 공을 꺼낼 때 가능한 멀리서 공을 꺼내려 하는 것이죠. 참 기특한 선수죠?

눈이 안 되면 발로 느껴라

경사를 살피다 보면 정말 헷갈리는 경우가 있습니다. 앞에서 볼 때 다르고, 옆에서 볼 때 다르고 이렇게 볼 때마다 다를 때면 정말이지 우리의 눈을 의심하지 않을 수 없습니다. 실제로 착시현상이 발생되어 사람 환장하게 하는 경우가 더러 있기도 합니다. 특히 제주도에 있는 골프장이 그러합니다. 매 홀 그린 주위에는 한라산의 위치를 알려주는 말뚝이 있는데 육지의 어느 골프장에서도 볼 수 없는 이 말뚝은 이정표와 같은 역할을 합니다. '아무리 내리막처럼 보여도 한라산이 있는 쪽은 높은 곳이니 알아서 판단하라!'는 무언의 압박입니다.

이렇게 알쏭달쏭한 경사에서는 캐디가 주는 정보를 가장 먼저 참고해야겠지만, 눈이 아닌 발로도 경사를 파악할 수 있다는 사실을 알려드리려고 합니다. 모든 선수들이 그렇게 하는 것은 아니지만 프로 선수들의 경기 모습 중에는 볼과 홀 사이의 중간 지점에서 마치 퍼팅하듯 연습동작을 하는 모습을 이따금 볼 수 있습니다. 이는 브레이크 포인트를 점검하기 위한 목적도 있지만 알쏭달쏭한 경사를 파악하기 위한 마지막 몸부림이기도 합니다. 우리의 몸은 작은 체중의 쏠림도 감지할 수 있는 탁월한 능력이 있기 때문입니다. 뭐 동물적 감각이라고 해둘까요?

인간은 직립보행을 하기 때문에 머리의 위치가 높을 수밖에 없습니다. 이에 따라 몸의 무게중심 역시 다른 동물들보다 높게 위치할 수밖에 없습니다. 이러한 구조적 특성은 균형을 유지하기 위한 적응력을 탁월하게 향상시켰습니다. 이 말인즉슨 균형을 잡기 위해서라면 매 순간 몸 전체의 근육이 민감하게 반응할 수 있다는 점을 의미합니다. 그 중추적인 역할을 하는 것이 우리 몸의 평형기관인데 이는 생명 유지에 필요한 주요 기관을 보호하기 위한 일종의 위험인식 시스템입니다. 만약 이 기능에 문제가 발생된다면 어지럼증이 유발되면서 우리는 중심을 잡으려는 본능적인 노력을 하게 됩니다. 바로 이러한 우리 몸의 특성 때문에 발로도 경사를 느낄 수 있는 것입니다.

▶ 커닝(Cunning)도 실력이다

그린에서는 커닝이 습관화되어 있어야 합니다. 나의 퍼팅라인과 비슷한 라인에 있는 동반자의 퍼팅라인은 확실한 정보가 되기 때문입니다. 비슷한 라인에 있는 볼뿐만 아니라 어디에 있든 동반자의 볼은 모두가 나의 퍼팅라인을 읽는 데 도움을 줍니다. 특히 홀 주위의 미세한 경사가 판단이 안 될 때는 천금 같은 정보가 되기도 합니다. 또한 같은 골프장이라고 해도 모든 홀의 그린 상태가 똑같지는 않기 때문에 동반자가 퍼팅한 공을 세심하게 관찰할 필요가 있습니다. 그런데 여기서도 주의할 점이 있습니다. 상대방의 퍼팅라인을 좀 더 정확하게 보고자 서슴없이 달려들면 안 된다는 것입니다. 뒤에서 너무 노골적으로 쳐다본다든지 너무 가까운 거리에서 커닝을 하게 되면 상대방에 대한 매너가 아닙니다. 너무 속보이는 행동이니 조금은 주의해야겠죠? 상대방의 플레이에 방해는 주지 않아야 합니다.

▶ 느린 그린

- 새벽이슬 제거 전, 혹은 잔디 깎기 전.
- 비 오는 날의 젖은 그린.
- 스프링클러가 작동되었던 그린.
- 아침보다는 해가 중천에 떠 있을 때(잔디는 오후로 갈수록 자라면서

태양을 따라다닌다).

- 역결(잔디가 나를 향해 있으면 반대쪽보다 색이 진하게 보인다).
- 볼 자국이 푹푹 패이는 무른 그린.
- 에어레이션*으로 인해 모래와 구멍이 많을 때.
- 겨울그린(오랜 기간 잔디를 깎지 않기 때문에 잔디가 길다).
- 맞바람(바람이 세다면 퍼팅에도 영향을 준다).

에어레이션
그린 잔디 뿌리에 공기를 공급하는 작업.

▶ 빠른 그린

- 금방 깎은 잔디.
- 아침에 이슬이 말라가는 시점.
- 볼 자국이 잘 안 나는 단단한 그린.
- 순결(홀 쪽으로 잔디가 누워있어 역결보다 색이 연하게 보인다).
- 홀 주변(많은 사람이 밟아 잔디가 다져져 있다).
- 뒷바람(역시 강하게 불면 퍼팅에 영향을 준다).

4장 | 그린까지 가는 길

07

최적의 라인 '프로라인'

경사가 있는 퍼팅이라면 공이 홀인 되는 길은 무수히 많습니다. 그러나 우리는 적어도 투 퍼팅으로 마무리할 수 있도록 가능한 최적의 라인을 찾아야 합니다. 쇼트 퍼팅이라면 한 번에 들어갈 수 있는 라인을 찾아야겠죠.

공이 굴러가는 예상 선을 '퍼팅선' 또는 '퍼팅라인'이라고 합니다. 이 퍼팅라인에는 '아마라인(Amateur-line)'과 '프로라인(Pro-line)'이라는 것이 있는데, 'Amateur side', 'Pro side'라고도 합니다. 그림에서 보는 바와 같이 경사진 그린에서 홀의 바깥쪽으로 그려지는 라인 즉, 위쪽으로 그려지는 라인을 프로라인, 그리고 안쪽으로 그려지는 라인을 아마라인이라고 합니다. 그 중에서 우리는 '프로라인의 퍼팅선'에 주목해야 하고 이 라인을 더욱 애용해야 합니다.

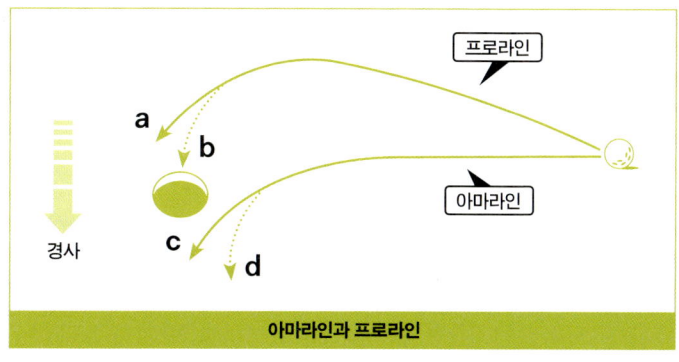

아마라인과 프로라인

4장 | 그린까지 가는 길

179

프로라인의 퍼팅선을 애용해야 하는 이유는 다음과 같습니다. 이렇게 자세하게 다루는 이유는 퍼팅을 잘하기 위해 너무나도 중요한 내용이기 때문입니다. 반드시 이해하고 넘어가야 합니다.

아마라인은 애당초 방향을 잘못 잡은 것이다

첫 번째 이유는 방향성과 관계된 이야기입니다. 아마라인으로 퍼팅을 하게 되면 홀에 들어갈 가능성은 0%가 됩니다. c라인이 그러한데 보시다시피 볼은 아예 홀을 향하지 않습니다. 반면 프로라인은 볼이 홀에 접근하면 접근할수록 그 스피드가 점점 감소하게 되고, 경사가 커지면 커질수록 볼은 홀 쪽으로 더욱 꺾이게 됩니다. 즉 a라인으로 가다가도 점점 b라인 쪽으로 방향이 꺾인다는 것이죠. 따라서 공이 홀에 들어갈 확률이 더욱 높아지게 됩니다.

이렇게 프로라인을 따라 굴러들어가는 공을 보고 있노라면 공이 홀로 빨려 들어가는 듯 보이게 됩니다. 마치 찾아들어가는 것 같죠. 그래서 되도록이면 홀을 지나치더라도 프로라인으로 지나칠 수 있는 퍼팅을 해야 합니다. 이렇게 프로라인의 경사를 보기 위해서는 본인이 평소에 보는 라인보다 좀 더 많이 보는 습관이 필요합니다. 그린 스피드가 빠른 그린이라면 더욱 많이 봐야 합니다.

들어가지 않더라도 홀 근처에 멈춰서야 한다

두 번째 이유는 거리와 관계된 이야기입니다. 아마라인으로 홀을 지나치게 되면 홀에서 점점 멀어지면서 멈추게 됩니다. 프로라인의 b라인과 아마라인의 d라인을 비교해본다면 그 결과가 어떻게 될지 예상이 될 것입니다. 그리하여 d라인으로 지나간 볼은 거리상 꽤 부담이 되는 두 번째 퍼팅을 남겨놓을 수도 있습니다. 쓰리퍼팅의 그림자가 보이는 것이죠.

초보자들이 흔히 하는 실수 중에는 경사를 충분히 보지 않고 강하게 치는 경우가 많습니다. 곡선의 라인(프로라인)까지 미처 생각지 못한 결과입니다. 이렇게 곡선이 아닌 직선의 형태로 볼을 홀에 도달시키려면 빠른 스피드가 필요합니다. 볼의 스피드가 줄어들수록 경사에 따라 휘기 때문입니다. 그런데 만약 강하게 친 볼이 홀에 들어가지 않는다면 멀리 도망가고 말 것입니다. 우리는 첫 번째 시도한 퍼팅에서 실수를 하더라도 두 번째 퍼팅은 손쉽게 들어갈 수 있도록 해야 합니다. 그래야 쓰리퍼팅을 예방할 수 있고 스코어를 관리할 수 있기 때문입니다. 그렇게 하기 위해서는 공이 구르는 특성을 이해해야 하며 그것이 바로 프로라인의 개념입니다.

시행착오 과정이 곧 실력향상이다

세 번째 이유는 자꾸 프로라인으로 쳐봐야 그린 경사를 읽는 감각이 좋아지게 된다는 점입니다. 아마라인으로만 가는 분들은 경사진 그린에서 거의 같은 실수를 반복합니다. 실수를 하고 나서 '에이~ 좀 더 볼걸!' 하고 후회만 할 뿐, 평소 본인이 보는 라인에서 더 많이 봐야 한다는 사실을 인지하지 못합니다.

이러한 사실을 인지할 수 있는 계기를 마련하려면 18홀을 돌면서 퍼팅에 대한 기록을 해보는 것이 좋습니다. 퍼팅한 결과를 '프로라인'으로 빠졌는지 '아마라인'으로 빠졌는지 꼼꼼히 기록합니다. 이렇게 기록을 하다 보면 자신의 퍼팅 스타일을 돌아볼 수 있습니다. 설령 경사를 너무 많이 봐서 홀에 들어가지 않더라도 지속적인 시도가 필요합니다. 자꾸 자꾸 반복하다 보면 왜 프로라인을 애용해야 하는지를 깨달을 수 있을 것입니다. 이것이 바로 진정한 시행착오의 과정이 되는 것이고, '실패는 성공의 어머니'가 되는 이유입니다.

이렇게 프로라인의 퍼팅선을 애용해야 하는 이유를 세 가지 정도로 정리해봤습니다. 퍼팅을 잘하기 위해서는 꼭 필요한 이해의 과정이라고 강조하고 싶습니다. 알고만 있고 실천을 안 한다면 실력향상에 전혀 도움이 안 됩니다. 실천해보는 것이 가장 중요합니다.

▶ 더블 브레이크는 홀 쪽의 브레이크를 더 많이 봐라

언듈레이션
높고 낮은 기복 또는 굴곡.

간혹 언듈레이션(Undulation)*이 심한 그린에서는 여러 경사가 복합되어 있는 경우를 맞이하기도 합니다. 가령 앞쪽은 슬라이스 라인인데 홀 쪽은 훅 라인인 경우 또는 그 반대의 경우입니다. 이 상황에서는 앞쪽보다 홀 쪽의 라인을 더 큰 곡선으로 그리는 것이 포인트입니다. 그 까닭은 앞쪽과 뒤쪽, 공이 굴러가는 스피드의 차이에 있습니다.

앞쪽은 임팩트 후 가장 빠르게 지나가는 구간으로써 경사가 있더라도 크게 영향을 받지 않고 직진 형태의 진행양상을 보입니다. 구르는 공의 운동에너지가 상대적으로 중력과 마찰력보다 더 큰 경우입니다. 반면 홀 쪽에서는 앞서 프로라인에서 강조했듯이 스피드가 감속되면 될수록 더 심한 곡선의 라인을 필요로 합니다. 이것은 공의 운동에너지가 상대적으로 중력과 마찰력보다 더 작은 경우가 되겠죠. 따라서 앞쪽과 홀 쪽의 브레이크 포인트가 비슷한 거리에 있더라도 홀 쪽의 라인을 더욱 큰 곡선으로 그려야 합니다. 홀 근처에서의 프로라인을 파악하라는 것입니다. 이러한 원리만 이해하고 응용할 수 있다면 두 개 이상의 브레이크 포인트가 존재하더라도 당황하지 않고 최적의 라인을 결정할 수 있을 것입니다.

경사도에 따른 브레이크 포인트

그린 경사를 잘 읽기 위한 또 다른 요소는 그린 스피드의 파악입니다. 느린 그린, 빠른 그린에 따라 볼이 굴러가는데 어떠한 영향을 미치는지 이해하고 있어야 한다는 것입니다. 중상급자 분들은 경험을 통하여 알고 있겠지만 초보님들을 위해 잠깐 짚고 넘어가겠습니다. 굴러가는 공이 휘기 시작하는 지점을 '브레이크 포인트(Break point)'라고 하는데 똑같은 그린이라도 그린 상태에 따라 이 포인트가 달라질 수 있습니다.

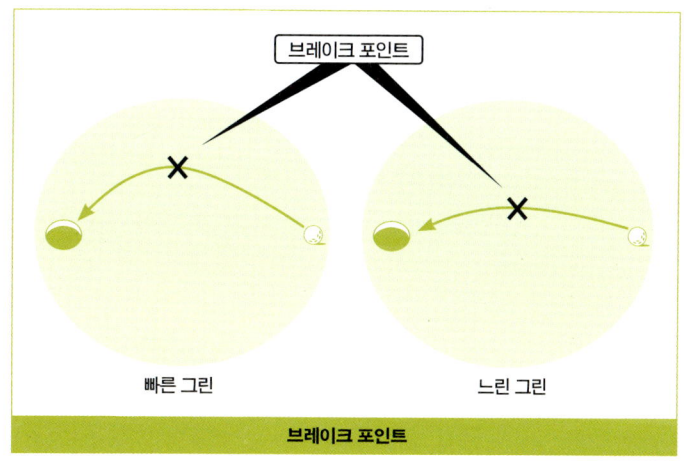

그림에서 보는 바와 같이 빠른 그린에서는 경사를 더 많이 봐야 합니다. 즉 브레이크 포인트를 더욱 곡선의 형태에서 선택해야 한다는 것입니다. 내리막이라도 같이 있다면 더욱 많이 봐야 하고요. 이때는 평소보다 세게 치지 않도록 반드시 주의하여야 합니다. 앞서 말씀드린 최상의 퍼팅선(프로라인)을 찾아내지 못한다면 한도 끝도 없이 줄줄 내려가는 공을 하염없이 바라봐야만 할 것입니다.

반대로 느린 그린에서는 경사를 잘 타지 않습니다. 즉 브레이크 포인트를 되도록 직선의 형태에서 선택해야 합니다. 따라서 경사를 많이 보지 않으면서 평소보다 강한 스트로크가 필요합니다. 오르막이라도 같이 있으면 최소한의 경사만 보고 과감하게 쳐야 들어갈 확률이 높아지게 됩니다. 이와 같이 오늘 라운드에서는 오늘의 그린 상태를 얼마나 빨리 파악하는지가 그날의 스코어를 좌우한다고 해도 과언이 아닙니다.

한 가지 더 덧붙이자면 퍼팅을 잘하기 위해서는 빠른 그린에 적응이 빨라야 하고 빠른 그린을 선호하는 골퍼가 되어야 합니다. 왜냐하면 빠른 그린은 비교적 관리가 잘 되어 있기 때문에 계획한 라인대로 들어갈 확률이 높습니다. 그래서 고수들이 하는 말 중에는 "빠른 그린은 본 대로 가서 좋다"라는 말이 있습니다. 아직도 빠른 그린이 두려우신가요? 그렇다면 아직 고수가 될 수 있는 마음의 준비가 안 되어 있다고 보면 틀림없을 것입니다.

🚩 상상하고 또 상상하라

사실 경사를 잘 읽기 위해서는 많은 경험이 필요합니다. 시행착오 없이는 공이 어떻게 휘어갈 것인지 예상하기가 힘들기 때문이죠. 퍼팅 역시 어프로치할 때와 마찬가지로 스트로크를 하기 전, 머릿속으로 밑그림을 그리는 작업을 반드시 해야 합니다. 퍼팅을 해서 공이 굴러가는 모습을 상상하는 것인데, '어떻게 굴러갈 것인가?' 하는 라인만 그리는 것이 아니고 '얼마 정도의 스피드로 갈 것인지'까지 상상해봅니다. 보통은 임팩트 후 빠르게 출발해서 서서히 스피드가 줄어들겠죠? 그리고 땡그랑 떨어지는 모습까지 한편의 영상처럼 그려봅니다.

이러한 작업이 필요한 이유는 앞서 누누이 강조한 우리의 잠재능력을 발동시키기 위해서입니다. 우리의 뇌는 바라는 대로, 생각하는 대로, 믿는 대로 할 수 있는 능력이 있기 때문입니다.

    이렇게 자꾸 퍼팅라인을 상상해보고 약간의 시행착오를 겪는다면 아무리 어려운 경사를 만난다 하더라도 최적의 라인을 그릴 수 있게 됩니다. 즉 라인을 그리는 패턴이(프로라인으로) 습관적으로 만들어진다는 이야기입니다. 딱 보면 딱 나온다는 것이죠. 고수의 문턱까지 온 것입니다. 여러분도 분명 할 수 있는 일이고 또 그것을 믿고 한다면 누구든지 이뤄낼 수 있을 것입니다.

4장 | 그린까지 가는 길

08

두 번째
'본 대로 잘 서기'

퍼팅을 잘하기 위한 두 번째 단계는 '본 대로 잘 서기'입니다. 아무리 그린을 잘 읽는다 해도 조준이 잘못되어 있다면 말짱 꽝입니다. '본 대로 잘 서기'는 흔히 이야기하는 얼라이먼트(Alignment)입니다. 우리말로 조준이죠. 사냥을 할 때도 조준을 잘 해야 표적을 맞출 수 있겠죠? 그런데 이것이 만만치 않습니다. 이것만 잘해도 이미 고수의 내공입니다. 그만큼 쉽지 않다는 이야기입니다. 또한 많은 분들이 간과하는 부분이기도 합니다. 이것이 어려운 이유는 서고자 하는 대로 잘 섰는지 못 섰는지를 본인이 직접 확인할 수 없기 때문입니다. 누군가 봐줘야 알 수 있는 것이죠. 이렇게 조준에 대한 중요성을 다시 한 번 상기하고 방법을 찾아보겠습니다.

▶ 공을 이용한 방법

첫 번째는 가장 많이 쓰는 방법입니다. 어느 골프공이든지 골프공에는 브랜드 마크가 일직선으로 인쇄되어 있습니다. 퍼팅할 때 마치 그것을 보고 놓고 치라는 듯 길쭉한 모양을 하고 있죠. 더 친절한 공에는 화살표까지 그려져 있습니다. 그렇게 그냥 본 대로 놓고, 놓은 대로 치면 그만입니다. 말은 쉽습니다만 생각보다 정확하게 놓이질 않습니다. 그래서 이러한 방법을 선택한다면 좀 더 세심하고 치밀한 마음가짐이 필요합니다.

이런 제 걱정에도 불구하고 옆집에 김 사장님은 이것 하나 제대로 놓질 못합니다. 그리고 또 퍼팅에 실패하기라도 한다면 애꿎은 캐디 탓을 하고 맙니다. 그거 아시나요? 캐디 분들이 제일 싫어하는 사람은 자기가 잘못 쳐놓고 캐디 탓하는 사람들이랍니다. 안 들어가면 '내 탓이려니!' 하고 넘어가세요. 어쨌든 공을 이용할 때는 방향을 제대로 놓는 것이 큰 숙제이므로 신중을 기해서 확인하셔야 합니다.

공을 이용한 방법

임의의 표적으로 하는 방법

두 번째도 많이 쓰는 방법입니다. 볼 앞 1m 안쪽에 임의의 표적을 정합니다. 그리고 그 표적과 공을 연결하는 가상의 선을 머릿속으로 긋습니다. 그려진 선에 직각이 되도록 클럽 페이스를 위치시키면 스탠스는 평행이 되겠죠? 임의의 표적을 정할 때는 잔디의 다른 색, 작은 돌멩이, 스파이크 자국 등 표적이 될만한 것은 무엇이든 좋지만, 볼의 진행에 영향이 갈 정도의 것이라면 반드시 치우고 해야 합니다.

이 방법은 첫 번째보다 조금 더 어려운 방법이지만, 이 스타일이 본인에게 맞는다면 좋은 방법이 될 수 있습니다. 그런데 여기서도 주의할 점이 있는데요. 분명히 표적을 정해놨는데 어드레스를 하고 보

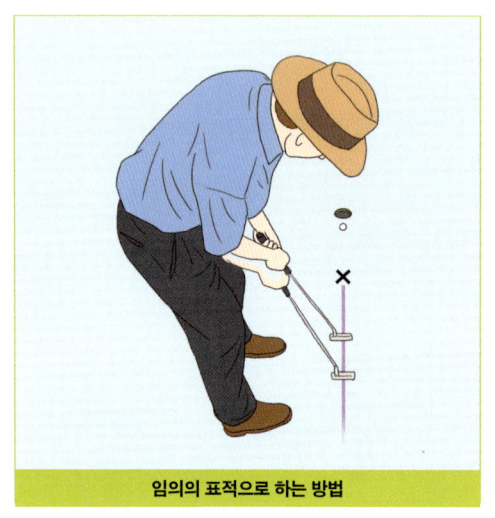
임의의 표적으로 하는 방법

니 어디로 갔는지 사라져버리는 경우가 있습니다. 그리고 이미 취한 어드레스를 풀기가 귀찮아 '에라 모르겠다!' 하면서 퍼팅을 한다면 들어갈 것도 안 들어가는 경우가 생깁니다. 확신이 없는 상태에서는 불안감이 증폭되고 집중력이 흐려지기 때문입니다. 이는 본능적인 감을 살리지 못하게 되고, 하고자 하는 스트로크를 제대로 할 수 없다는 이야기입니다. 따라서 처음부터 다시 하든가 표적을 잃어버리지 않도록 세밀한 준비가 필요합니다.

오로지 감각으로 하는 방법

세 번째 방법은 좀 어려운 방법입니다. 뭐 이것저것 표적과 방향 없이 어떠한 것에도 의존하지 않고 오로지 감각으로만 서는 방법입니다. 이 방법에 익숙해지면 조금만 오조준이 되어도 온 몸으로 느낄 수 있습니다. 저 역시 샷을 할 때뿐만 아니라 퍼팅을 할 때도 이렇게 감각만을 믿고 조준합니다. 의도한 타깃보다 조금이라도 왼쪽을 겨냥한다든지 혹은 오른쪽을 겨냥하게 되면 '어? 좀 이상하다'는 느낌과 함께 바로 스탠스의 교정이 가능해집니다. 그리고 정조준이 되는 것이죠. 그리하여 늘 일관성 있는 타깃으로의 정렬이 가능하게 됩니다. 그만큼 사람의 감각은 예민하게 반응할 수 있고 섬세하게 적응할 수 있기 때문입니다.

그러나 이 방법은 처음 시도할 때만큼은 어렵게 느껴집니다. 그리고 '정확하게 갈 수 있을까?'라는 의문을 갖기 쉽습니다. 왜냐하면 앞서 설명한 두 가지 방법처럼 스스로 정확도를 확인할 수 있는 혹은 기대할 수 있는 구체적인 시각적 정보를 얻지 못하기 때문입니다. 하지만 시간을 두고 몇 라운드를 신경 써서 훈련한다면 누구나 해낼 수 있는 방법입니다. 그러니 불안해하지 말고 과감하게 시도해보기 바랍니다.

자, 이렇게 조준에 대해서 살펴보았습니다. 조준을 잘하는 것에 정답은 없습니다. 여기 소개한 내용 외에 더 좋은 방법이 있다면 그것이 정답이 될 수도 있습니다. 잘만 들어간다면 누구하나 딴죽을 걸지 못할 테니 말이죠.

4장 | 그린까지 가는 길

09

세 번째
'선 대로 똑바로 잘 치기'

자, 이제 퍼팅을 잘하는 비결 3단계 중 마지막 단계까지 왔습니다. 첫 번째로 그린 경사를 잘 보았고, 그리고 두 번째로 본 대로 잘 섰고, 이제 똑바로 치기만 하면 홀에 들어가겠네요. 그렇죠? 퍼팅이 이렇게 말처럼 쉽게 된다면 아마도 퍼팅을 못하는 사람은 하나도 없을 것입니다.

우리는 퍼팅 스트로크에 대한 방법론에 대해서 다음과 같은 동작들을 배웁니다. 공은 왼발 안쪽에 위치시키고, 시선은 공 위에, 머리와 하체는 고정시키고, 손목은 쓰이지 않게 어깨 턴으로, 백스윙보다는 팔로우 스로를 길게……. 그야말로 기본입니다.

하지만 '기본은 있으나 정석은 없다'라는 말이 있습니다. 퍼팅 스트로크의 기본은 이정도만 하시면 됩니다. 퍼팅이 뭐 있습니까? 자기만의 방법으로 잘 들어가면 장땡입니다. 위에서 열거한 동작들을 하지 않는다 해도 잘만 들어가면 누가 뭐라 하겠습니까? 잘 들어가는데 말이죠. 안 그런가요?

퍼팅의 귀재라고 불리는 세계적인 선수들 중에는 희한한 퍼팅 어드레스와 괴상한 스트로크를 가진 사람들이 의외로 많습니다. 심지어는 손목을 써서 하는 것을 죄악시 함에도 불구하고 아예 손목만 가지고도 잘하는 사람들이 있습니다. 이와 같이 퍼팅을 잘하기 위한 방법은 꼭 교과서와 같은 정형화된 이론만이 정답은 아닙니다. 방법이야 어찌 됐든 우리는 홀에 잘 넣기만 하면 되기 때문에 자신만의 방법을 개발하는 것이 좋을 것 같다는 생각이 듭니다.

이 장에서는 '똑바로 잘 치기'라는 주제로 스트로크에 관한 기술적 메커니즘을 이야기하려는 것이 아닙니다. 기술적인 것이야 앞서 열거한 기본동작만으로도 충분할 것이고, 이것만 지켜준다면 똑바로 보내는 데는 문제가 없을 것입니다. 문제가 되고 여기서 주목하고자 하는 것은 바로 '거리감'에 있습니다. 물론 방향성, 거리감 중 그 어느 것 하나라도 잘못된다면 결코 홀에 들어갈 수 없습니다만, 우리는 어떻게 하면 보다 정확한 거리감을 살릴 수 있는지에 대해 어디서도 명쾌한 답을 얻기가 쉽지 않습니다. TV 속 프로들의 퍼팅하는 모습을 보고 있노라면 어떻게 저렇게 거리를 딱딱 잘 맞추는지 신기할 따름입니다.

제가 이렇게 거리감에 주목하고자 하는 이유는 상대적인 중요도에 있어서 방향성보다는 거리감이 더 중요하기 때문입니다. 볼이 홀에 들어가는 조건만 생각한다면 방향과 거리가 모두 맞아야 하지만, 쓰리퍼팅을 안 한다는 2차적인 문제를 생각한다면 홀에 들어가지 않더라도 가볍게 마무리할 수 있는 짧은 거리는 남

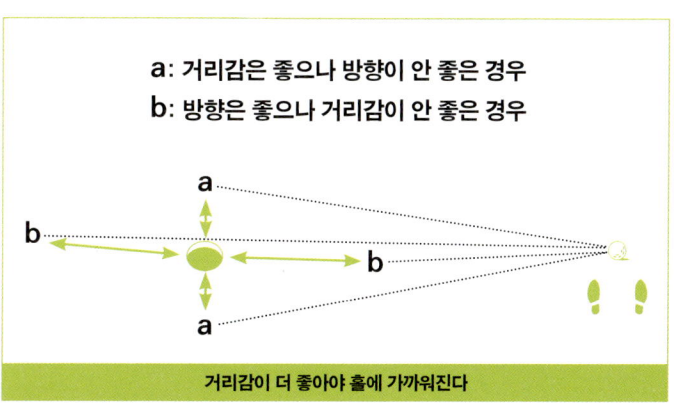

a: 거리감은 좋으나 방향이 안 좋은 경우
b: 방향은 좋으나 거리감이 안 좋은 경우

거리감이 더 좋아야 홀에 가까워진다

겨두어야 합니다. 이해를 돕기 위해 그림으로 설명을 해보겠습니다.

앞의 그림에서 보는 바와 같이 방향성이 좋은 b보다 거리감이 좋은 a가 더 짧은 거리를 남겨두기 쉽습니다. 즉, 방향성과 거리감에서 똑같은 실수를 범하더라도 거리를 맞추는 데 실패하면 b와 같이 두 번째 퍼팅을 하기에는 상대적으로 더 먼 거리를 남겨둔다는 이야기입니다. 특히 초보자들에게서 방향성의 실수보다 거리감의 실수가 훨씬 더 많이 나옵니다. 사실 이 부분에서 중상급자들도 예외는 아닙니다. 이것은 퍼팅을 이해하는 아주 중요한 문제입니다. 왜냐하면 우리가 그토록 죄악시하는 쓰리퍼팅을 하지 않기 위함입니다. 퍼팅의 귀재들이 퍼팅을 잘할 수밖에 없는 요소는 아마도 뛰어난 거리 컨트롤이 아닐까 생각해봅니다.

결론적인 말씀을 드리자면 퍼팅을 연습하는 데 있어서 단편적인 기술적 메커니즘에 치중하기보다는 어떻게 하면 거리감을 살릴 수 있는지를 연구해야 합니다. 이러한 연습이 습관화된다면 이것이 바로 고수로 가는 지름길이라고 확신합니다. 다음 장에서부터는 그토록 강조한 거리감을 어떻게 끌어낼 것인가를 고민해보고 이에 대한 명쾌한 해답을 제시해보겠습니다.

좌뇌,
우뇌,
소뇌

▶ 동물적 감각

앞서 많이 이야기한 부분입니다만 퍼팅의 거리감은 스윙과 마찬가지로 본능적인 감을 최대한 끌어내야 합니다. '동물적 감각'이라고 이야기한다면 맞을 것 같습니다. 우리는 보통 뛰어난 순발력으로 급작스런 위기를 모면할 때 혹은 탁월한 운동감각으로 무언가 해냈을 때 '동물적 감각'이라고 표현합니다. 보통 사람들이 하기 힘든 인간의 능력을 비유적으로 표현하는 것이죠. 그렇다면 '동물적 감각'이란 무엇일까요? 잠시 그 실체에 대해 살펴보겠습니다.

개나 하이에나의 후각은 인간보다 10만 배 이상 뛰어나 1km 밖의 고기 냄새도 마치 눈앞에 있는 것처럼 느낀다고 합니다. 달리 '개코'라는 말이 나왔겠습니까? 치타는 시속 110km를 넘나드는 속도로 100m를 5~6초에 주파할 수 있는 탁월한 능력이 있습니다. 그리고 새의 눈은 인간의 8배 이상의 능력이 있고 개미, 귀뚜라미 같은 곤충은 아주 작은 진동에도 위험을 느끼고 움직인다고 합니다. 모두 생존을 위한 자연의 소식입니다. 환경에 적응하기 위한 저마다의 탁월한 능력이라고나 할까요? 그렇다면 인간의 탁월한 능력에는 어떤 것이 있을까요? 제가 이렇게 글을 쓰는 것도 바로 그것 아니겠습니까?

맞습니다. 바로 뇌 기능입니다.

이것은 동물의 세계에서 가장 탁월하다고 하는 인간의 고유한 능력입니다. 여기까지는 누구나 다 아는 사실입니다. 그렇다면 골프를 잘하는 것과 뇌의 기능은 어떠한 상관관계가 있을까요? 만약에 있다면 그렇게 탁월하다고 하는 뇌 기능을 제대로 이용만 한다면 골프를 정말 잘할 수 있지 않을까요?

골프, 이것을 잘하기 위해 올바른 생각을 하는 것, 멘탈 게임을 하는 것이 바로 이러한 뇌 기능을 올바로 쓰는 방법입니다. 여러분은 골프를 배우고 연습할 때 이러한 뇌 기능에 대해서 깊이 생각해보지 않았을 것입니다. 그러나 뇌 기능에서 비롯된 인간 행동의 메커니즘을 이해한다면 보다 효과적인 연습이 가능해지고, 실전에서도 자신의 무한한 가능성을 확인할 수 있을 것입니다. 저는 이러한 과정이 자신감의 원천이 된다고 확신합니다.

좌뇌와 우뇌

우리 뇌의 80% 정도를 차지하는 대뇌는 신체의 운동과 감각, 정서 감정, 언어활동, 학습과 기억, 창조와 사색, 인간의 모든 정신활동이 이루어지는 곳입니다. 이 대뇌는 다시 좌뇌와 우뇌로 나뉘게 되는데 각각의 기능은 다음과 같습니다.

좌뇌	우뇌
수학적인 학습	음악과 그림의 감상
논리적 사고로 문제해결	직관적 판단의 문제해결
순차적(수천 개의 단어로 인식)	동시적(한 장의 사진)
이성적, 현실적, 분석적, 체계적	본능적, 창조적, 종합적, 시공간적
남성적, 능동적, 공격적	여성적, 수동적, 신비적, 예술적
이름 기억	얼굴 기억
단어 사용 등의 언어적 학습	경험 등의 비언어적 학습

대략 다른 역할이 있다는 것을 감지하실 수 있나요? 무엇인가 다른 뉘앙스가 있고 다른 형태의 상반된 역할로 그림이 그려진다면 잘 이해하신 것으로 생각됩니다. 각각의 뇌 기능을 정리해보자면 좌뇌는 잘게 쪼개서 분석을 한 다음 순차적으로 체계화시키는 능력이 탁월합니다. 과학자, 수학자, 은행가 같은 사람이 딱 어울리겠네요. 말 잘하는 아나운서나 변호사도 여기에 속합니다. 반면, 우뇌는 쪼개기보다 전체로 인식하려 하고 상상하고 집중하는 기능을 담당합니다. 또한 이러한 과정 속에 감정이라는 것을 양산해내기도 합니다. 음악가, 예술가, 공예가 같은 사람들이나 운동선수도 우뇌의 능력을 잘 발휘할 수 있는 직업입니다.

한 장의 그림에서 이 그림은 무슨 종류의 그림이고, 어떤 재료를 썼는지 그리고 얼마에 팔릴 수 있는지를 생각하는 것은 좌뇌의 소식입니다. 그에 반해 이 그림에서 슬픔을 느끼고 연민을 느끼고 때로는 평온함을 느끼는 것은 우뇌의 소식입니다.

한 곡의 노래에서 가사는 또박또박, 박자는 쿵짝쿵짝, 음정은 따박따박 신경 쓰는 노래는 좌뇌가 부르는 노래입니다. 반면 이별의 아픔에 목이 메고 달콤한 사랑에 빠져있는, 흥겨움에 심취해서 부르는 노래는 우뇌가 부르는 노래입니다.

한 번의 스윙에서 손목의 각도를 생각하고, 팔의 모양을 생각하고 임팩트의 모양을 생각하는 것은 좌뇌로 하는 스윙입니다. 표적을 정하고, 그것을 마음속에 영상처럼 띄어놓고 본능적인 스윙을 하는 것은 우뇌로 하는 스윙입니다.

동심의 세계가 '우뇌'의 세계다

이제 좌뇌와 우뇌의 차이를 조금 느끼실 수 있나요? 아직도 긴가민가 한 분들을 위해서 조금 더 설명을 하도록 하겠습니다. 정말이지 골프를 잘하기 위한 핵심적인 내용이라고 생각합니다. 바로 어른과 아이의 비유인데요. 한평생 보고, 배우고, 익히고, 경험하고, 본인이 가지고 있는 지식을 총동원하여 분석을 시도하는 어른의 스윙은 좌뇌로 하는 스윙입니다. 반면 아직도 물리의 '물' 자도 모르고 운동의 '운' 자도 모르는 일곱 살배기 아이는 '역시 애들은 빠르다'라는 칭찬을 듣곤 합니다. 바로 우뇌의 지배를 받고 생각 없이 덤비는 스윙을 하기 때문입니다. 아이들한테 스윙의 메커니즘에 대해 이러쿵저러쿵 설명한들 무슨 의미가 있겠습니까? 그것을 차분하게 듣고 있는 아이가 더 이상해 보이지 않을까요? 클럽이라도 하나 던져주면 그저 아무렇게나 공을 휘둘러 때리려고 덤벼들 것이 틀림없습니다.

애들이 빠른 이유는 분석을 시도하지 않는다는 데 있습니다. 아직 발육발달 측면에서 우뇌에 비해 좌뇌가 성장하지 않은 까닭입니다. 좌뇌의 대표적인 기능 중에 하나가 분석이거든요. 만 7세까지는 우뇌의 발달이 이뤄지고, 그 이후에서야 좌뇌가 발달한다고 합니다. 그것은 어린 아이가 중·고등학생이나 되어서야 고등수학을 소화해낼 수 있고, 아직은 논리와 언어발달이 미완성이라는 것을 보면 짐작할 수 있습니다. 그리고 과거와 미래는 온데간데없이 오로지 현재에 집중하여 천방지축 뛰노는 것을 보면 알 수 있습니다. 그러다 엎어져 울고, 또 울다가도 금세 웃고, 이것이 바로 감정과 본능을 지배하는 우뇌의 영향이 아닐까요?

 어른이 아이들처럼 뛰노는 모습을 보기도 힘들겠지만 만약 그렇기라도 한다면 손가락질을 받을 것이 틀림없습니다. 그래서 우리 어른들은 가끔 '동심(童心)의 세계'로 돌아가자는 명분으로 열심히 뛰놀 때가 있습니다. 바로 이 '동심의 세계'가 '우뇌의 세계'인가 봅니다. 이렇게 좌뇌와 우뇌의 기능을 살펴보았는데 제가 느끼는 차이는 다음과 같습니다.

> 좌뇌는 무언가 의식을 가지고 생각을 하는 것이고,
> 우뇌는 무언가에 집중이 되어 의식의 끈을
> 놓은 상태.

소뇌의 기능

그렇다면 이번엔 소뇌에 대해서 살펴보도록 하겠습니다. 소뇌는 우리 뇌에서 10% 정도를 차지하고 대뇌 뒤쪽 아랫부분에 위치하고 있습니다. 이놈은 대뇌에서 지령을 받아 운동기능을 조절하고 평형감각을 관장합니다. 특히 주목해야 할 기능은 이 소뇌가 근육의 움직임을 조절하면서 반복학습에 의한 정밀한 동작을 가능케 한다는 것입니다. 이것이 바로 사람만이 할 수 있는 탁월한 능력 중 하나입니다.

 현미경을 들여다보고 해야만 하는 정밀한 실험들, 수술을 집도하는 의사의 손놀림, 정밀한 기술을 요하는 각종 전자기기들까지 모두 인간만이 할 수 있는 섬세한 손길들입니다. 강아지, 고양이가 이러한 일들을 수행한다는 것은 가당치도 않은 이야기입니다. 그나마 뇌 기능이 좋아 도구를 사용한다는 원숭이과 동물들에게도 상상할 수 없는 일입니다.

좌뇌와 우뇌로 구성되어 있는 대뇌에서는 몸을 어떻게 움직일 것인가 계획하고 소뇌로 지령을 내립니다. 실무를 맡은 소뇌는 '근육을 얼마만큼 어떻게 움직일 것인가?'에 대한 세부계획을 세워 비로소 전신의 근육으로 하달을 내리는 것입니다. 세밀한 동작이 가능하도록 말이죠. 마치 회사의 기획실에서 사업을 구상하고 계획(대뇌)하고, 그 계획에 따라 각 부서별로 일을 분담(소뇌)하고, 각 부서의 직원(근육)들이 열심히 일을 하는 모습을 연상하시면 되겠네요. 술 취한 사람이 비틀비틀거리는 이유는 이놈의 소뇌가 알코올에 마비되었기 때문입니다.

퍼팅은 누구든지 잘할 수 있다

여기서 우리는 지상 최대 과제의 답을 찾기 위해서 실마리를 잡아내야 합니다. 즉 섬세하게 근육을 움직이기 위해서, 섬세한 퍼팅 거리감을 내기 위해서 좌뇌에서 계획을 세울 것인가? 우뇌에서 계획을 세울 것인가? 하는 문제입니다. 물론 어떤 일이라도 좌뇌, 우뇌를 칼로 무 자르듯 선택적으로 하나만 활성화시킬 수는 없는 노릇이겠지만, 단지 뇌 기능을 이해하는 것만으로도 큰 효과를 얻을 수 있다고 생각합니다.

소뇌는 상위부서에서 계획한 대로 움직일 뿐입니다. 하지만 더 발달된 소뇌라면 상위부서의 계획을 더욱 정밀하고 세심하게 실행에 옮길 것입니다. 이 말은 상위부서에서의 계획과 기획이 더 중요하다는 것이죠. 바로 우뇌의 계획을 쓰자는 것입니다. 우리가 만약 우뇌를 써서 퍼팅을 한다면 직관적으로 판단하여 본능적으로 스트로크를 할 수 있고 그 결과 신비적이고 예술적인 퍼팅을 가능케 합니다. 앞서 제시한 우뇌의 기능을 다시 한 번 살펴보시기 바랍니다.

　퍼팅을 잘하기 위해서 좌뇌, 우뇌, 소뇌의 기능을 설명하고 있지만 어디 이것들의 기능만이 전부겠습니까? 정작 이 책에서 이야기하고 싶은 것은 ==누구든지 퍼팅을 잘할 수 있는 능력이 있다는 사실입니다.== 여러분은 바로 그렇게 탁월하다고 하는 뇌 기능을 가지고 있지 않습니까? 아무리 유명한 프로선수라 할지라도 태어나면서부터 골프실력을 갖고 태어난 것은 아닙니다. 자신이 갖고 있는 능력, 자신이 할 수 있는 능력을 최대한 발휘할 뿐입니다. 여러분도 사람으로 태어났다면 분명 그러한 능력을 가지고 있습니다. 이것은 누구든지 퍼팅을 잘할 수 있다는 말입니다. 퍼팅뿐만 아니라 골프를 잘할 수 있다는 말이기도 합니다. 사람도 동물인지라 사람만이 할 수 있는 그 동물적 감각을 최대한 발휘하자는 것이죠.

　정리를 해보자면 신비의 퍼팅을 하기 위해서는 우뇌의 기능이 주도적인 역할을 한다는 사실을 믿고 또한 그렇게 노력해야 합니다. 더 중요한 것은 TV 속 프로선수들만이 할 수 있을 것 같은 그러한 퍼팅기술은 인간이라면 누구든지 할 수 있다는 사실을 자각하는 일입니다. 반드시 배워야 하고 많은 훈련을 해야 할 것 같지만 꼭 그렇지만은 않다는 사실! 이러한 깨달음이 있을 때 비로소 말로만이 아닌 진정한 자신감을 얻을 수 있습니다. 바로 당신이 말입니다! ==우리의 뇌는 바라는 대로, 생각하는 대로, 믿는 대로 할 수 있는 능력이 있기 때문입니다.==

4장 | 그린까지 가는 길

11

우뇌를
어떻게
쓸 것인가?

이제 '골프를 할 때 우뇌를 써야 한다'는 말에 확신이 좀 생기나요? 그런데 확신은 있지만 과연 어떻게 해야 우뇌를 쓰는 것인지 막연할 것입니다. 오른손, 왼손 같으면 시키는 대로 쓰겠는데 이놈의 뇌를 어떻게 써야 할지 말이죠.

🚩 좌뇌가 하는 퍼팅

잠시 김 사장님이 퍼팅하는 것을 보겠습니다. 김 사장님은 정확한 거리를 보내기 위해 나름의 방법을 터득합니다. 일단 남은 거리를 파악하기 위해 자신의 걸음 수를 세봅니다. 딱 열 걸음이 나오네요. 열 걸음이 나오기만을 고대하고 있던 터였습니다. 왜냐하면 열 걸음이 나오면 꼭 오른발 앞까지 백스윙하기로 부단히 연습했기 때문이죠. 모든 것이 완벽한 준비가 되었다고 생각하지만 퍼터를 떠난 볼은 이미 5m나 지나치고 맙니다. 또 기다리던 5m 퍼팅이 남았네요. 이 거리는 10cm만 백스윙하기로 열심히 연습했거든요. 또 다시 모든 것이 완벽한 준비가 되었다고 생각하지만 이미 멈춰선 볼은 반도 채 가지 못합니다.

　초보 때는 이렇게들 시작합니다. 발걸음을 세고 백스윙의 크기를 미리 정해놓습니다. 하지만 초보 때만 용납할 수 있는 방법을 아직도 쓰는 사람들이 있습니다. 뭐 이런 방식으로도 나름의 연습이 따른다면 적당한 퍼팅실력을 가질 수 있습니다. 그러나 고수만이 할 수 있는, 우리가 그토록 꿈꿔왔던 신비한 퍼팅 실력은 결코 가질 수 없습니다. 우리 김 사장님이 하는 방법이 바로 좌뇌로 하는 퍼팅인 것입니다. 거리를 숫자로 인지하고 방법에 있어서는 순차적이고 아주 체계적입니다. 좌뇌를 쓰는 사람에게는 이것이 당연한 논리입니다.

　==그러나 퍼팅 스트로크에 있어서 분석과 계획은 없어야 합니다. 이렇게 수치화되고 계획화된다면 그것 자체로 본능적이고 동물적인 감각이 아니기 때문입니다.== 섬세한 퍼팅을 가능케 하는 우뇌와 소뇌의 기능을 백분 사용하지 못한다는 이야기입니다. 아무리 퍼팅 연습을 많이 한다 해도 이러한 사실을 인지하지 못한다면 영원히 그 꿈을 이룰 수 없습니다. 이것은 비단 퍼팅만의 문제는 아닙니다. 스윙을 할 때도, 어프로치를 할 때도 마찬가지입니다.

🚩 우뇌가 하는 퍼팅

좌뇌가 이렇다고 한다면 우뇌로 하는 방법은 다음과 같습니다. 거리감은 그냥 그저 눈으로써 정보를 입력합니다. 뭐 특별한 방법이 있겠습니까? 그냥 보면 되는 것이고 그냥 본대로 치면 됩니다. 거 싱거운 놈이라고 말씀하는 분들이 있을 것 같지만 이것이 바로 우뇌로 하는 퍼팅입니다. 우뇌는 입력된 정보를 부분으로 쪼개지 않고 전체적으로 직관적으로 느낄 수 있습니다. 그리고 직관으로 입력한 정보는 본능적인 감으로도 출력할 수 있습니다.

'이렇게는 도저히 불안해서 못하겠다!' 하는 분들은 자기 자신을 믿지 못하는 사람들입니다. 이제 아시잖아요? 강아지, 고양이에게는 없고 오직 인간만이 가지고 있는 탁월한 능력 말입니다. 이러한 능력이 있음에도 불구하고 그것을 믿지 못한다면 이보다 더 어리석은 일은 없을 것입니다.

자, 그럼 우뇌를 활성화시켜 본능적인 동작을 할 수 있는 방법을 생각해보겠습니다. 남자 분들이라면 학창시절에 동전 던져먹기를 많이 해봤을 것입니다. 동전 던져먹기 아시죠? 줄 하나 그어 놓고 차례대로 던져서 줄에 가장 가까운 사람이 승리하는 놀이입니다. 줄에 닿으면 두 배로 먹는 찬스도 있습니다. 이때의 모습을 상상해보세요. 일단 오른발을 가까이 선 후에 그 오른발에 체중을 잔뜩 실어놓고선 상체를 앞으로 내밉니다. 그리고는 아주 섬세한 감각을 살리기 위해 저마다의 특이한 폼을 잡기 시작합니다. 손목과 팔을 왔다 갔다 하면서 말이죠.

이번엔 다트(Dart)를 볼까요? 다트는 조그맣고 날렵한 화살을 과녁에 던지는 놀이입니다. 이 역시 동전 던져먹기랑 똑같습니다. 동전이 아니고 화살이라는 것이 다를 뿐이죠. 어떤 분은 입술이 오그라들고, 어떤 분은 한쪽 눈을 감기도 합니다. 여기도 역시 손목과 팔이 왔다 갔다 합니다.

이 '왔다 갔다' 하는 행동이 상상되시나요? 이때가 바로 우뇌가 활성화되는 시기입니다. 본능의 감을 살리기 위해 '몰입'이라는 터널로 들어가는 찰나입니다. 집중하려고 쥐어짠다고 해야 할까요? 그리고 뭐 생각하는 것은 아무것도 없습니다. 보이는 대로 그냥 던지는 것, 그뿐입니다. 어떠한 분석과 계획 없이 오로지 본능에 맡길 뿐입니다.

퍼팅을 할 때도 이러한 단순한 과정이 그대로 적용됩니다. 표적이 되는 홀을 쳐다보면서 거리감을 느끼고 굴러가는 모습을 상상합니다. 굴러가는 공의 속도감까지 느껴본다면 실제 스트로크 시의 스피드로 연결시킬 수 있습니다. 퍼팅의 거리감은 얼마나 힘주어 때리느냐가 아니고 얼마만큼의 스피드를 주느냐에 달려 있거든요. 이것을 본능의 감에 맡길 때 비로소 백스윙의 크기는 자동으로 설정될 것입니다. 상상한 스피드를 실현시키기 위해서 짧은 거리는 그만큼 짧게, 긴 거리는 그만큼 길게 알아서 만들어진다는 말이죠. 그런데 이러한 과정을 무시하고 백스윙을 어떻게든 계획한다는 것은 참으로 안타까운 일입니다.

이렇게 본능적인 감을 살리기 위한 퍼팅 스트로크는 마음속에 표적을 그려넣음으로써 극대화시킬 수 있습니다. 이것 역시 우뇌의 활성화에서 비롯된 것입니다. 저는 이 우뇌의 활성화가 바로 '마음의 눈'이라고 말하고 싶습니다. 이 '마음의 눈'은 퍼팅에 국한된 이야기가 결코 아닙니다. 샷을 할 때도 어프로치를 할 때도 마찬가지입니다. 표적을 주시하는 것, 이것을 머릿속에 영상화시키는 것, 창공을 가르는 멋진 샷을 상상하는 것, 퍼팅라인을 머릿속으로 그려보는 것, 굴러가는 공을 상상해보는 것, 본능의 감으로 샷을 하는 것, 몸으로서 거리감을 느끼는 것, 집중을 하는 것과 같은 행위가 바로 '마음의 눈'에서 비롯된 것이고, 그것 바로 우뇌의 기능이라 할 수 있습니다.

제 5 장
골프 고수로 도약하는 생각의 기술

이 장에서는 골퍼의 사소한 태도에서 비롯된 생각의 오류를 짚어보고, 골프 고수가 되기 위한 올바른 사고에 대해서 알아봅니다.

> 이 달콤한 유혹에
> 우리는 좀 더 멀리, 좀 더 가까이를
> 가슴 속에서 떨치지 못하고 있다.

버디를 위한 노래

"나이스(Nice) 버디~!"

참 듣기만 해도 기분이 좋아지는 말입니다. 그렇지 않나요? 우리는 잔디밭의 사냥꾼이 되어 상상의 새(Birdie)를 죽어라 쫓아다닙니다. 눈에 잡힐 듯, 다 잡은 것을 놓치기라도 한다면 땅이 꺼져라 비명을 지르고, 사냥이 끝나기가 무섭게 저마다 몇 마리 잡았느니 하면서 자랑을 합니다. 누구는 한 마리만 잡아도 날아갈 듯 기뻐하고, 누구는 한 마리도 못 잡았다고 아쉬움을 토로합니다. 그리고 120타를 쳐도 한 마리만 잡아내면 '목표달성!'을 외치기도 합니다. 이 달콤한 유혹의 그림자, 그 이름은 '버디'입니다.

돈과 여자의 공통점은 뭐가 있을까요? 잠시 생각을 해봅니다. 어르신들로부터 '돈을 쫓지 말고, 돈이 쫓아오게 하라'는 말을 많이 듣습니다. 인생을 살아보니까 욕심낸다고 해서 부자 되는 게 아니라는 경험에서 나오는 충고일 것입니다. 여자의 마음도 그렇습니다. 한 걸음 다가서면 두 걸음 멀어지고, 한 걸음 물러서기라도 한다면 고요한 기다림 속에 머지않아 다가옴을 느낄 수 있습니다. 알면서도 실천하기 어려운 중생의 고뇌입니다. 골프에서 '버디'라는 것이 그렇습니다. <mark>이 달콤한 유혹에 우리는 좀 더 멀리, 좀 더 가까이를 가슴 속에서 떨치지 못하고 있습니다.</mark>

위험이 도사리고 있음에도 불구하고 우리는 애써 그것을 외면하려 듭니다. 돌이킬 수 없는 함정에 빠지고서야 때늦은 후회를 합니다. 장타를 날려보고 싶은 마음은 OB가 난 뒤에야 후회합니다. 좀 더 가까이 붙여보겠다는 마음은 물에 빠지고 나서야 자신의 무모함을 후회합니다. '버디'를 향한 마음은 쓰리퍼팅을 하고 나서야 파도 못한 아쉬움을 토해냅니다. 이렇게 매 홀 '버디'를 위해 달린다면 배보다 배꼽이 더 커진다는 것을 우리는 경험을 통해 잘 알고 있습니다. 버디는 여자의 마음과 같고 돈과 같은 것이니 쫓지 말고 쫓아오게끔 하는 것이 현명한 선택입니다. 남자들에게 돈과 여자는 욕망의 대상이라더니 버디가 매한가지 아닌지 생각해봅니다.

잠시 시인이 되어 시(詩) 한 수 읊어봅니다.

버디歌

버디가 하고파
냅다 질러봅니다.

버디가 하고파
핀 보고 쏘아봅니다.

하얀 말뚝이 나를 반기고
빨간 말뚝이 친구 하잡니다.

'하고 싶은 버디'와
'생각지도 못한 버디'가 있음에

버디는
잡는 것이 아니고
줍는 것이거늘

단 한 번의 -1을 위해서
다섯 번의 +2를 선택할 것이더냐?

02 캐디를 멀리하자

제가 한참 라운드를 많이 할 수 있었던 시간이 있었습니다. 어느 골프장의 신입 캐디 교육라운드에 참여하는 것이었죠. 신입 교육생들은 골프의 '골' 자도 모르는 사람들이다 보니 3개월이라는 긴 시간동안 교육을 받습니다. 이들에게는 골프가 생소한 것이기에 연일 실수투성이입니다. 그때마다 혼도 나고 질책을 받기도 하고 매일매일 긴장된 분위기 속에 그들의 하루하루는 어떻게 가는지도 모를 정도입니다. 이렇게 긴장된 교육현장에서도 가끔은 웃지 못할 일들이 생기곤 합니다. 개 모양의 브랜드를 처음 본지라 어떻게 읽는지를 모르던 교육생이 다그치는 목소리에 "개 3번입니다!"라고 대답하고, 그린에서는 "라이(Lie)가 어떻게 되지?" 하는 고객의 물음에 "나이는 왜 물어보세요?" 하고 경계하듯 되묻는 일도 있습니다.

처음엔 이런 사람들을 어떻게 내보내나 앞이 깜깜하지만 하나하나 가르치다 보면 어느새 어엿한 골프장의 구성원이 되어 있습니다. 그러나 교육과정에 있는 모든 교육생들이 전부 버티는 것은 아닙니다. 많은 교육생들이 중도에 탈락하고 맙니다. 그만큼 어려운 일이라는 소리죠. 시도 때도 없는 물음에 정확한 답을 해줘야 하고, 어느 클

라이
착지된 공의 위치나 상태.

럽이 누구 것인지도 실수가 없어야 합니다. 그린에서 한 움큼의 클럽을 들고 다니는 모습을 보고 있노라면 우리나라 캐디들이 참 존경스럽다는 생각까지 듭니다. 이렇게 1인 4역을 감당해내는 캐디 분들이 있기에 한국의 골프장이 존재하지 않나 생각해봅니다.

캐디에게는 최소한의 정보만 받자

이 장은 캐디와 관련된 내용이라 캐디들의 이야기로 시작해보았습니다. 캐디 본연의 임무와 역할은 크게 세 가지가 있습니다. 골프 클럽을 이동시켜 주고, 코스에 대한 정보를 주고, 골퍼가 최상의 경기를 수행할 수 있도록 심리적인 도움을 주는 것입니다. 여기서 짚고 넘어가려고 하는 것은 코스에 대한 정보를 어디까지 받아야 할지에 대한 내용입니다. 우리 김 사장님 어디 가셨는지? 김 사장님의 행태를 봐야겠지요?

드라이버를 쳐놓고서 세컨드 샷을 치기 위해 거리를 물어봅니다. 그러나 친절하게 대답해주는 캐디의 말이 무색하게 뒤땅을 치고 맙니다. 또다시 거리를 물어보면서 클럽을 바꿉니다. 이번에도 역시 뒤땅을 치는 김 사장님의 모습에 캐디는 눈살을 찌푸립니다. 연거푸 뒤땅을 쳐대면서 그린 앞 10m까지 도달했음에도 불구하고 남은 거리가 얼마냐고 물어봅니다. 우여곡절 끝에 그린 위로 올라와서 한다는 말이 가관입니다. "언니야! 빨리 빨리 와서 거리 불러줘야지. 거리 좀 잘 불러줘! 계속 뒤땅만 치잖아." 그린에 올라와서도 혼자서는 거리 파악이 안 되는지 우리 김 사장님은 캐디가 없으면 아무것도 못합니다. 아무것도 못하는 것인지, 비싼 캐디비 내놓고 본전을 뽑자는 심산인지 모르겠습니다.

골프 고수가 되려면 최소한 샌드웨지를 풀스윙했을 때 날아가는 거리 정도는 본인이 스스로 판단할 수 있어야 합니다. 어프로치는 스윙의 크기를 조절해야 하는 기술이므로 무엇보다도 감각을 살려야 하기 때문입니다. 따라서 캐디가 일러주는 숫자보다는 자신의 눈을 더 믿어야 합니다. 좌뇌가 아니고 우뇌로, 귀가 아닌 눈으로 인지하여야 합니다. 앞서 뇌 기능에서 입이 닳도록 이야기한 부분입니다.

뭐 처음부터 잘 되겠습니까? 시행착오를 겪으면서 하다 보면 어느새 본인의 실력이 되어 있을 것입니다. 문제는 역시 시도 자체를 안 하는 것이겠죠. 김 사장님처럼 20~30m의 거리마저 매번 캐디에게 물어보는 모습은 동반자의 눈살까지 찌푸리게 만듭니다. 가까운 어프로치 거리 정보마저 캐디에게 의지하려는 김 사장님의 행태는 그린에 올라와서도 마찬가지입니다. 그린 경사를 파악하는 일마저 본인이 하려는 노력은 없습니다. 캐디가 봐주는 대로만 치는, 그야말로 대통령 골프네요. 안 들어가기라도 하면 경사를 어떻게 본 거냐며 캐디에게 진상을 부립니다. 시종일관 이런 골프를 친다면 아마도 같이 치는 사람도 짜증날 것입니다.

거리파악뿐만 아니라 그린 경사 역시 본인 스스로 판단하는 것이 좋습니다. 스스로 판단한 결과를 분석하고 적용하는 과정을 반복하는 것이 실력향상을 위한 진정한 '시행착오'가 될 것입니다. 그러니 무턱대고 버릇처럼 캐디한테 물어보지 않아야 합니다. 골프는 모든 부분에서 시행착오를 겪지 않으면 실력향상을 기대할 수 없기 때문입니다. 그리고 골프를 혼자의 힘으로 해야 하는 또 다른 이유 중 하나는 골프의 '참 재미'에 있습니다. 골프는 본인이 생각한 대로 됐을 때 재미있는 것이거든요.

캐디가 주는 정보는 주의가 필요하다

무턱대고 물어볼 일이 아닌 또 하나의 이유가 있습니다. 가령, 그린에서 5m 정도의 거리를 남기고 오른쪽으로 홀 두 개 정도를 보라는 정보를 캐디에게 받았습니다. 그런데 이 캐디가 아무리 베테랑 캐디라 하여도 이 정보가 틀린 정보일 가능성이 있습니다. 그 이유는 경사가 있는 5m 거리에서는 방향과 거리의 상관관계에 따라 볼이 홀에 들어갈 수 있는 길이 무수히 많기 때문입니다. 그 상관관계라는 것은 볼이 굴러가는 속도에 따라 홀로 접근하는 길이 달라지는 것을 의미합니다.

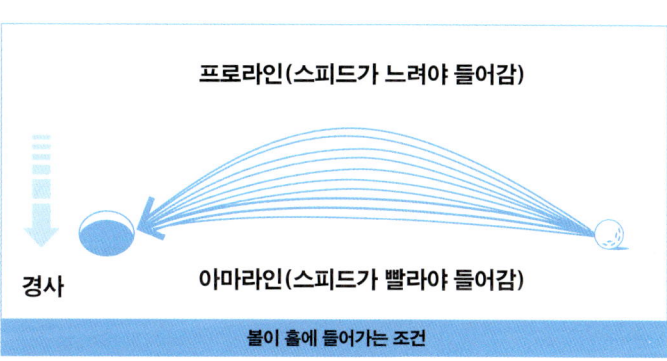

그림을 보시면서 이해하시기 바랍니다. 볼이 홀에 들어가는 조건은 볼 스피드가 빨라지면 빨라질수록 경사를 덜 봐야 하고 볼 스피드가 느려지면 느려질수록 경사를 많이 봐야 하는 반비례 관계에 있습니다. 다시 말해 캐디가 말해주는 정보는 이렇게 많은 길 중 단 하나를 알려주는 것입니다. 캐디가 오른쪽 홀 두 개를 보라 했다면 그 두 개에 맞는 스피드로 쳐야 들어간다는 이야기죠. 따라서 캐디는 골퍼가 어떤 스피드로 칠 것인지 파악한 후에 방향을 잡아줘야 하는데 이것은 쉬운 일이 아닙니다. 매 시합을 같이 하는 투어 프로선수와 전문 캐디의 관계라면 또 이야기가 달라질 수 있겠습니다만, 오늘 처음 만난 김 사장님과 하우스 캐디와의 관계에서는 이렇게 이해하는 것이 맞습니다.

캐디와 궁합이 잘 맞는다는 이야기는 서로가 라인을 보는 패턴이 비슷하다는 의미입니다. 최상의 궁합은 항상 프로라인으로 읽는 골퍼와 항상 프로라인으로 읽는 캐디입니다. 항상 아마라인을 애용하는 김 사장님과 항상 프로라인으로 일러주는 캐디와의 만남은 그야말로 최악의 궁합입니다. 이 캐디는 18홀 내내 미움을 받을 것입니다. 모든 캐디들이 이렇게 프로라인으로 가르쳐준다면 골퍼들의 퍼팅실력은 금방 좋아질 것입니다. 현실은 그렇지 않지만요. "어느 캐디가 경사를 잘 보더라." 한다면 이 캐디는 아마도 프로라인의 개념을 잘 알고 있는 베테랑 캐디일 것입니다.

캐디 경력 5개월 VS 구력 10년

캐디가 되기 위해 소정의 교육을 마친 교육생들은 최종 평가를 받은 후 필드에 투입됩니다. 뭐 처음부터 누군들 잘 하겠습니까? 초짜라는 태가 금방 날 것입니다. 그들은 마치 첫 티샷을 앞두고 두근거리는 골퍼처럼 긴장된 마음으로 고객을 맞이합니다. 이렇게 하루하루를 행여 실수라도 할까 가슴 졸이며 5~6개월 정도 하고 나서야 비로소 초짜 태를 벗습니다. 그래도 아직은 골퍼의 마음을 속속들이 헤아리지는 못합니다.

이렇게 경력이 짧은 캐디는 아직도 배울 것이 많고 아무래도 실수가 많이 나오기 마련입니다. 그러나 본인은 초보 캐디라는 태가 나지 않도록 노력합니다. 실력을 쌓기 위해 더 많이 노력할 것입니다. 우리 김 사장님 같은 분은 구력이 10년이 되었음에도 불구하고 연일 캐디에게 물어보기 바쁜데 말이죠.

5개월의 캐디 경력 VS 구력 10년의 골퍼

거리를 파악하고 그린 경사를 읽어야 한다면 누구의 판단이 더 유력할까요? 실력향상이 보장되어있는 시행착오의 과정을 어찌 애써 피하려 하는지 모르겠습니다. 익숙하지 않은 코스의 생김새나 핀 위치, 티샷할 때 벙커까지의 거리, 뭐 이런 것이야 꼭 물어봐야겠지만 아이언샷의 거리 파악이나 어프로치 거리 파악, 특히 그린 경사는 본인 스스로 판단해야 합니다. 그래야 진정한 시행착오의 과정을 거칠 수 있고, 그것이 실력향상의 밑거름이 됩니다. 골프를 잘 치고 싶다면 꼭 깊이 생각해볼 문제입니다.

03 긍정의 힘

농부 두 사람이 밭을 일구고 있습니다. 똑같은 시간에 일을 시작한 두 사람은 쉬는 틈을 이용해 남은 고랑을 세어봅니다. 한 농부는 '이야, 이제 열 고랑밖에 안 남았네.' 하고 말하며, 다른 농부는 '어휴~, 아직도 열 고랑이나 남았네!' 하고 한탄합니다. 앞선 농부는 신바람이 나서 일을 일찍 마칩니다. 다른 농부는 힘들다고 투덜대며 일을 늦게 마칩니다. 이렇듯 긍정의 사고는 일의 효율을 높일 뿐 아니라 힘든 줄도 모르고 일을 하게 만듭니다.

가난을 부끄러움이 아닌 불편함으로 생각하는 것, 실연을 더 좋은 사람을 만나기 위한 과정이라고 생각하는 것, 모든 실패의 아픔은 성공을 위한 또 하나의 공부라고 생각하는 것 등 세상에 슬픈 일 하나 없고, 추한 것 하나 없는 그야말로 세상을 아름답게 만드는 묘약이 바로 '긍정의 힘'입니다.

이에 반해 부정적 사고는 불안, 스트레스, 걱정, 두려움, 우울감, 의욕 상실, 자신감 상실, 집중력 상실 등을 수반하면서 일의 효율을 떨어뜨립니다. 좋은 일도 안 좋게 여기고 온 세상을 어둡게 만드는 이것은 바로 우리의 잘못된 생각에서 비롯됩니다. 자신이 처한 상황을 있는 그대로 받아들이지 못하는 인지적 결함이기도 합니다. 그 결함이라 함은 결국 현상을 바라보는 관점을 달리하지 못한 결과입니다. 그러나 늘 다른 관점을 찾으려는 노력이 생활화된다면 이 세상에 부정적인 것은 하나도 없게 됩니다.

　스포츠심리학에는 '인지재구성(Cognitive restruction)'이라는 말이 있습니다. '합리적인 사고를 통해서 생각을 바꾸자!' 뭐 그런 것입니다. 이 책 또한 '생각을 바꿔서 골프를 잘 쳐보자'는데 목적이 있습니다. 여러분의 그 합리적 사고를 돕기 위해 제가 이렇게 떠들고 있는 것 아니겠습니까? 만약 우리가 골프를 하면서 부정적인 생각이 있다면 그리고 그것이 게임에 부정적인 영향을 미친다면 반드시 '합리적 사고'로의 전환을 꾀해야 할 것입니다. 그러기 위해서는 아무리 어렵고 힘든 상황에 처하더라도 실낱같은 희망을 파헤쳐내야 하고 그것을 마치 동아줄처럼 크게 여길 수 있어야 합니다.

▶ 샷에 대한 긍정과 부정

골프를 칠 때도 이 '긍정의 사고'는 무서운 힘을 발휘합니다. 실전 라운드에서 샷 후의 반응을 살펴보자면 누군가는 투덜대고 또 누군가는 아무렇지도 않다는 듯 넘어갑니다. 이 샷을 과연 성공한 샷으로 인식할 것인가? 실패한 샷으로 인식할 것인가? 하는 문제에서 긍정과 부정의 갈림길은 시작됩니다. 이해를 돕기 위해 여기서 우리 김 사장님의 모습을 보겠습니다.

　김 사장님께서는 필드에서 샷 한 번 하고 투덜대지 않을 때가 없습니다. 뭐가 그렇게 불만이 많은지 시종일관 투덜투덜, 옆에 있는 사람도 짜증납니다. 이렇게 투덜대는 데는 이유가 있습니다. 공이 똑바로 안 나가면 죄다 잘못 맞았다고 생각하는 것입니다. 조금이라도 공이 휜다면 똑바로 가지 않았다고 불만스러워하고 온갖 핑계를 갖다 대기 시작합니다. 김 사장님에게는 오로지 똑바로 가야 성공이고 조금이라도 휜다면 실패인 것입니다.

기준이 아주 까다롭네요. 자신에게 관대하지 못합니다. 조금 공이 휘었다고 해도 전혀 문제가 되지 않을 샷을 애써 문제가 있다고 여기는 것입니다. 이렇게 자신의 샷을 실패로 인식하다 보면 점점 악순환의 고리로 들어서게 되는데 그것은 실패의 원인을 찾는 것으로부터 시작됩니다. 공이 휜 원인을 분석하게 되는 것이죠. 여기서 '분석'이 등장합니다. 바로 좌뇌의 그림자입니다. 우리는 샷을 할 때만큼은 이 좌뇌의 활성화를 경계해야 합니다.

이런 악순환에 있는 사람들은 페어웨이를 걷다가도 잠시 멈춰 서서 '아니 이게 이렇게 안 되나?' 하면서 스윙을 점검합니다. 점검을 대략 마치고 다음 샷을 합니다만, 이미 '분석의 좌뇌'가 활성화되어 있기 때문에 감에 의한 본능적인 샷은 불가능하게 됩니다. 또 다시 실수를 반복하게 되고 이번엔 더 심각하게 분석을 해봅니다. 캐디의 다소곳한 충고 한마디라도 받는다면 더욱 깊은 함정에 빠집니다.

"고객님, 체중 이동이 안 되는 것 같아요", "그렇지? 내가 체중 이동이 안 되는 거야. 맞아! 맞아!" 체중 이동을 열심히 해봅니다만 머리만 복잡해집니다. 자신의 샷을 이렇게 실패로 인식하는 습관은 끝없는 수렁에 빠지게 합니다. 그렇다면 공이 휘든 안 휘든 그것을 성공으로 인식한다면 어떨까요? 이렇게만 할 수 있다면 우리가 경계하는 스윙에서의 분석적 사고를 피할 수 있습니다. 조금의 실수가 있더라도 애써 문제라 인식하지 않게 되고 대수롭지 않게 넘길 수 있다는 이야기입니다. 사실 이러한 인지적 과정은 스스로가 긍정과 부정을 선택하기에 앞서 현상에 대한 본질적인 이해에서 자연스럽게 형성됩니다. 그것은 애당초 사람은 스윙기계가 아니므로 오차범위 내에서 항상 실수를 할 수 있다는 사실, 이 사실을 인정할 수 있을 때 긍정적 사고가 가능해지는 것입니다.

이러한 긍정적 사고는 플레이어의 경기력에 영향을 미치는데, 그것은 다음 샷에서의 성공확률을 더욱 높일 수 있다는 점입니다. 분석을 통해 어떤 특정한 동작에 집착하기보다는 시종일관 본능적인 감각에 집중하고, 자연스러운 동작에 대한 믿음을 가지는 것이 훨씬 성공적인 샷을 날릴 수 있는 길입니다.

그렇다면 샷의 성공과 실패의 기준은 어느 정도에서 잡는 것이 좋을까요? 제가 제시하는 정도는 이렇습니다. 티샷은 OB만 안 난다면 성공입니다. 설령 100m밖에 나가지 않은 드라이버 샷을 쳤거나 벙커에 빠지거나 러프에 빠져도 말입니다. 우리는 알고 있잖아요. OB만 안 난다면 파를 할 수 있습니다. 그렇죠?

그럼, 그린을 공략하는 세컨드 샷은 어떨까요? 그린에만 올라가면 성공입니다. 그린 언저리에만 떨어지더라도 성공으로 인식하는 것이 좋습니다. 그린 온이 안 돼도 파를 할 수 있으니까요. 그러나 결국엔 마지막 퍼팅이 안 들어가서 파를 못하고 맙니다. 그토록 계획했던 파를 못했으니 이제는 정말 실패라고 생각해야할까요?

아닙니다. 다음에 잘하면 됩니다. 우리는 이렇게 끝까지 '긍정의 끈'을 놓지 말아야 합니다. 이것을 놓는 순간 분석의 좌뇌를 통해 '부정의 악순환'으로

빠지기 때문입니다.

물론 분석적 사고가 필요할 때도 있습니다. 그러나 그것은 최소한으로 줄여야 합니다. 분석적 사고가 필요한 부분은 필드에서 클럽선택을 위한 정보처리 과정, 샷 방법을 선택하는 과정, 코스공략을 위한 결단의 과정 등에서 제한적으로 이루어져야 한다는 말입니다.

또 하나 주의할 것은 분석적 사고가 필요한 부분과 그렇지 않은 부분을 구분할 줄 알아야 합니다. 필드에서는 스윙분석을 하지 말아야 하고 연습장에서는 표적에 집중(우뇌)하는 연습인지, 동작을 고치는 작업(좌뇌)인지 정확하게 인지하고 해야 한다는 말입니다.

하여튼 저는 이 '분석' 때문에 한동안 골프에 눈을 못 뜨고 사경을 헤맸습니다. 분석이 필요치 않은 부분에서 누구보다도 열심히 분석을 했던 것이죠. 강산이 한 번 바뀔 동안 그랬으니 얼마나 여기에 매달려 있었겠습니까? '분석' 이놈! 어휴, 재수 없어!

집중은 어떻게 할 것인가?

제가 골프를 치면서 가장 어려워했던 것 중 하나가 집중입니다. 어드레스만 하려고 들면 희한하게 별의별 생각이 다 납니다. 아침에 먹은 밥이 왜 이렇게 짰는지, 어제 봤던 그 여자가 얼마나 예뻤는지, 원숭이 엉덩이가 빨간 이유는 뭔지……. 아니 도대체 왜 이런 생각이 나는지 모르겠습니다. 여러분은 어떠신지요? 생각이 내 의지로 되는 것도 아니고, 생각을 안 하려 해도 나는 것을 도대체 어떻게 해야 합니까? 한때는 무슨 정신병이라도 걸린 줄 알았습니다. 그런데 나만 그런 줄 알았더니 의외로 이런 사람들이 꽤 있었습니다. "아이고 딴 생각하느라고……." 이런 말을 들어보았거나 해본 적이 있지 않나요? 바로 집중을 제대로 못한 것입니다.

▶ 집중의 개념

집중이라는 것은 골프에서 가장 중요한 정신적인 요소 중 하나입니다. '몰입' 또는 '무아지경', '정신통일'이라도 합니다. '독서 삼매경에 빠지다', 'TV 삼매경에 빠지다'와 같은 말도 많이 씁니다. 모두 무엇인가에 깊이 빠져있는 고도의 집중상태를 말합니다. 즉 'Now and here.' 지금 여기에서 하는 일에만 초점이 맞춰진 상태죠. 저에게 이것을 정의하라고 한다면 이렇게 이야기하고 싶습니다. ==집중이란, '내가 집중을 하고 있구나'라는 사실 자체도 인지할 수 없는 무념무상의 상태.==

골프 고수가 되려면 집중을 잘해야 합니다. 프로선수들도 이것을 잘해야 성적을 잘 낼 수 있고, 이것을 가장 잘하는 사람 중 한 명이 우승을 하게 됩니다. 선수들은 사실 1등부터 꼴찌까지 누구나 우승할 수 있는 기술력을 가지고 있습니다. 다만 '누가 더 집중력을 발휘할 수 있느냐?'에 따라 순위가 결정된다고 봐도 과언이 아닙니다. 그런데 이 집중이라는 게 꼭 특별한 사람만이 잘하는 것은 결코 아닙니다.

우리는 무엇인가 골똘히 생각하고 있을 때 누군가 날 불러도 까마득히 모르는 경우가 있습니다. 아주 재미있거나 감동적인 영화를 보고 난 후에 허탈감을 느낀다거나 현실로 돌아온 아쉬움을 느낀다면 그만큼 영화에 몰입되어 있었다는 증거입니다. 시간 가는 줄 모르고 책을 읽는 것, 감미로운 음악에 빠져 마음의 평온함을 느끼는 것, 흥겨운 노래에 막춤을 쳐대는 것, 애인과 키스를 하면서 황홀감을 느끼는 것 등도 모두가 몰입의 상태를 경험하는 순간입니다. 이러한 몰입의 상태는 우뇌의 활성화로 이루어집니다. 논리적 분석이 아닌 느낌을 찾는 것, 감정을 일으키는 것, 본능에 충실하는 것, 기분을 내는 것 등이 모두 뇌의 특별한 작용입니다.

그렇다면 과연 골프를 할 때 이것을 어떻게 실현시킬 수 있을까요? 불현듯 떠오르는 잡생각을 어떻게 차단할 것인가의 문제는 우리가 풀어야 할 중요한 문제입니다. 먼저 집중을 깨는 유형을 살펴보자면 게임에 관계없는 잡념, 타인에 대한 의식, 미래와 과거에 있는 생각, 내기할 때 돈 계산 등이 있습니다. 뭐 더 있겠습니다만 매한가지 집중에 방해를 주는 단서들입니다. 그럼 하나씩 하나씩 대처 방법을 생각해보겠습니다.

🚩 게임에 관계없는 무의미한 잡생각

어드레스에 들어갔는데 옆집 아저씨가 생각이 나고 문득 첫사랑도 생각이 납니다. 아니, 하필 이 순간에 그 사람들이 왜 생각이 나는지 정말 의문입니다. 행여 고민거리라도 있다면 라운드 내내 생각에 잠겨 있을지도 모릅니다.

① 샷 준비과정에 최선을 다하자

잡념을 잠재우기 위해서는 샷을 준비하는 과정에서 최선을 다해야 합니다. 필시 내 플레이에 대한 성의도가 떨어져 있다면 그만큼의 집중도 역시 떨어지기 마련이죠. 가령 클럽 선택을 하는 과정에서 바람과 지형, 핀 위치, 라이 등의 고려사항을 면밀하게 열심히 체크합니다. 그리고 어떤 클럽으로 어떤 기술이 좋을지 최적의 방법을 선택합니다. 이러한 체크 과정 자체가 몰입의 터널로 들어갈 수 있는 길이 될 것입니다. 현재 해야 할 일만 생각하고 그 일만 열심히 하는 것이죠. 집중이 안 될수록 더욱 열심히 하는 것입니다.

② 마음에 영상을 만들자

최적의 클럽을 선택했으면 구체적인 표적을 설정합니다. 어드레스에 들어간 후에는 그 표적을 바라보면서 '굿샷!'이 되는 장면을 상상합니다. 창공을 가르는 한 점, 점점 사라져 가는 한 점을 마음속 깊이 새겨 넣습니다. 여기에 대해서는 앞 장에서 샷과 어프로치, 퍼팅에 관하여 언급할 때 자세하게 이야기했던 부분입니다. 너무 중요한 부분이기에 자꾸 말씀을 드리게 되네요.

잡생각을 스스로 통제하기는 어렵습니다. 그러나 우리는 생각하고 싶은 것이 있다면 언제 어디서나 스스로 할 수 있습니다. 지금 이 순간에도 '내 애인을 생각해야지!' 하면 예쁜 애인을 생각할 수도 있고, '마누라 몰래 어떻게 하면 비자금을 만들까?' 하고 고민하고 싶으면 언제라도 할 수 있습니다. 이렇게 스스로 무엇인가를 생각하고 상상하려 한다면 그 자체로 집중한 것입니다. 즉, 다시 말해 표적에 대한 생각과 창공을 가르는 장면을 떠올림으로써 잡생각이 기습하지 않도록 선수를 치자는 이야기입니다.

🚩 타인에 대한 의식

제가 한참 동안 극복하기 어려웠던 부분입니다. 갤러리의 시선, 나보다 잘 치는(잘 칠 것 같은) 사람의 시선, 모르는 사람의 시선이 나에게 향해지는 것은 꽤나 부담스럽게 느껴지고, 그 부담감은 어김없이 미스 샷으로 이어지고 맙니다. 과연 그 부담은 왜 생기며 그것은 도대체 무엇일까? 곰곰이 생각해보니까 이렇습니다. '저 사람이 나를 흉이라도 보면 어쩌나?', '좋지 않은 스윙을 보여주기 싫은데', '뒤땅이라도 치면 어쩌나?', 'OB라도 나면 망신인데.' 이런 생각들을 일부러 한 것은 아니지만 나 자신도 모르게 이런 심리작용이 있던 것 같습니다. 모두 실수 혹은 타인의 평가가 두려워서 유발되는 부정적인 단서들입니다. 근본적인 대처방법은 실력을 키우고 자신감을 향상시키는 것이지만, 뭐 이런 것들이 하루아침에 이루어지는 것이 아니니 여기서는 임시방편의 기술을 알려드립니다.

그것은 '알고는 있으나 보지는 말자'입니다.

이 말은 나를 보고 있을 것 같은 사람들을 쳐다보지 말라는 이야기입니다. 그냥 알고 있는 것과 눈으로 보고 아는 것은 큰 차이가 있습니다. 이것 역시 앞서 언급한 불안과 공포에 대응하려는 우리 뇌의 방어본능에 기인합니다. 나의 스윙을 평가하는 사람은 공포의 대상입니다. 우리 뇌는 머리로만 알고 있는 공포보다 공포의 대상을 직접 눈으로 확인할 때 더 큰 공포를 느낍니다. 공포에 대한 정보가 더 추가되었기 때문입니다. 만약 나의 스윙을 비웃는 것 같은 속삭임이라도 듣는다면 그 공포는 더욱 증폭될 것입니다. 청각에 의한 정보가 또 추가되었거든요.

놀이기구를 탈 때의 공포는 눈을 감으면 한결 낫습니다. 영화를 볼 때도 무서운 장면이 나오면 눈을 감아 피합니다. 모두 공포에 대응하는 우리 몸의 본능적인 방어시스템입니다. 이러한 공포는 샷에 집중해야 할 순간! 자신도 모르게 평가에 대한 걱정에 집중하게 됩니다. 마음의 눈에 표적이 떠올라야 하는 순간, 표적 대신 공포의 대상이 떠오르는 것이죠. 결국 미스 샷으로 이어지고 맙니다.

따라서 되도록 공포에 관한 정보가 뇌에 전달되지 않도록 노력해야 합니다. 듣지 않고 보지 않는 것이 최상입니다. 그리고 제가 입이 닳도록 강조한 것이 있습니다. 어드레스를 한 후에는 표적에 집중하고 날아가는 공을 자꾸 자꾸 상상하는 일입니다. 설령 공포의 대상을 확인했더라도 이러한 이미지 훈련이 잘 되어 있다면 공포를 극복할 수 있을 것입니다.

미래와 과거를 떠도는 나의 생각

생크 나서 OB, 좌우측으로 쌍OB, 벙커에서 홈런 쳐 OB, 세컨 샷 OB, 퍼덕대는 어프로치, 1m 버디 퍼팅을 쓰리퍼팅……. 참으로 충격적인 실수들입니다. 이것 역시 집중을 해야 하는 순간에 꽤나 발목을 잡는 단초들입니다. 성질 나쁜 김 사장님 같으면 씩씩대며 팀 분위기를 살벌하게 만들 것이 분명하고 애꿎은 캐디한테 화풀이나 할 것입니다. 이렇게 과거의 기억이 뇌리를 떠나지 못하는 이유는 너무나 어처구니없고 터무니없는 실수들이기 때문입니다. 바로 필드에서의 트라우마(Trauma)입니다. 이러한 정신적 충격은 자꾸만 생각이 납니다. 생각이 자꾸 나는 이유는 '이런 실수가 없었다면 아마도 몇 타는 쳤을 텐데, 얼마는 땄을 텐데…….' 하고 때늦은 후회를 하기 때문입니다.

반대로 왠지 베스트를 칠 것 같은 느낌에 시작 전부터 가슴이 부풀어 오를 때가 있습니다. '남은 홀에서 몇 개의 파를 한다면', '파 5에서 버디를 하면 몇 타가 되겠네.' 혹은 '베스트일 때 세레모니는 어떻게 할까?', '베스트를 치면 누구한테 무슨 말로 자랑을 할까?' 등등. 선수의 경우라면 '몇 개의 버디만 추가한다면 우승할 수 있겠다', '우승인터뷰는 어떻게 해야 할까?' 등등. 아직도 일어나지 않은 일들을 미리 생각하는 것은 너무나도 달콤한 유혹입니다. 달콤한 생각은 신기루일 뿐 머지않아 미스 샷이 연발합니다.

이렇게 나의 생각이 과거와 미래를 떠도는 이유는 지금 이 순간에 해야 할 일에 최선을 다하지 못했기 때문이기도 하지만 우리 뇌를 손가락 움직이듯이 자신의 의지대로 사용할 수 없기 때문이기도 합니다. 그렇다면 어떻게 하면 이런 생각들에서 벗어날 수 있을까요? 그래서 제안컨대, 합리적인 생각으로 최대한 방어를 해보는 것입니다.

과거

❶ **단계 -** 지난 일은 엎질러진 물, 절대 돌이킬 수 없다.
❷ **단계 -** 최상의 스코어를 기록하려면
지금 이 순간부터라도 잘해야 한다.
❸ **단계 -** 과거의 집착은 앞으로 다가올 상황에
아무런 쓸모가 없다.
❹ **단계 -** 고로 지난 실수는 깨끗이 잊는 것이
현명한 선택이다.

미래

❶ **단계 -** 달콤한 생각은 단지 생각일 뿐 확정된 일이 아니다.
❷ **단계 -** 달콤한 생각은 현재의 집중에
아무런 도움을 안 준다.
❸ **단계 -** 달콤한 생각은 생각대로 일이 일어난 후에
해도 늦지 않는다.
❹ **단계 -** 고로 확정되지도 않은 미래의 일은
냉정하게 차단하는 것이 현명한 선택이다.

맞습니다. 현명한 선택을 해야 합니다. 불필요한 과거의 집착은 부정적 에너지의 발산이요, 긍정의 힘을 살리지 못하는 것입니다. 또한 달콤한 미래의 생각은 현재 집중에 독침일 뿐입니다. 우리의 의식은 언제나 'Now and here'에 있을 때 최상의 플레이를 할 수 있다는 사실을 잊지 마시기 바랍니다.

▶ 내기할 때 돈 계산

이놈의 돈이 뭔지, 어느 누가 그럽니다. 부모 자식 간에도 돈거래는 확실히 해야 한다고 말입니다. 확실히 하자는 것인지, 한 푼이라도 더 챙기려는 심산인지, 지난 홀에 '줬네 안 줬네'를 두고 참 말도 많고 탈도 많은 것이 내기골프가 아닌가 싶네요. 어찌나 계산을 확실히 하려 드는지 어드레스에 들어갔는데도 머릿속에서는 여전히 계산기를 두드리고 있습니다. '누구는 몇 타, 누구는 몇 타' 하며 돈 계산하는 우리 김 사장님의 머릿속은 쥐가 날 지경입니다. 언제 칠까 모두들 숨죽이고 있는데 대뜸 어드레스를 풀고서 한다는 말이 이렇습니다.

"당신, 더블보기 했으면 한 점 더 줘야지. 이 양반아!"

이렇게 옥신각신, 티격태격하면 뭐 합니까? 도대체 딴 사람은 누구인지? 죄다 잃었다고 성화입니다. 집중을 방해하는 요소 중에는 이렇게 시종일관 스코어를 계산하려 드는 것도 있습니다. 자신의 스코어를 계산하는 것도 머릿속을 복잡하게 만드는데 이렇게 남의 스코어까지 신경 쓴다면 자신의 게임을 망치는 지름길이 된다는 사실, 잊지 마시기 바랍니다.

결단 없는 샷

05

"결단 없는 샷은 미스 샷의 확률을 높인다."

골프는 선택과 결단의 게임이라 해도 과언이 아닐 것입니다. 인생을 살아가는 과정도 마찬가지기 때문에 '골프는 인생이다'라고 이야기하나 봅니다. 순간순간 적절한 클럽선택, 어떤 샷을 할 것인가에 대한 결정, 홀은 어떻게 공략할 것인가, 퍼팅을 할 때 얼마큼의 경사를 볼 것인가 등등. 이러한 기로에 서있다면 우리는 최적의 판단을 되도록 빠른 시간 내에 해내야 합니다. 그것도 한두 번도 아니고 무수히 많은 상황에서 말이죠.

여러분은 어떠신지요? 결단을 잘 내리는 편인가요? 구력이 얼마 안 되었을 때는 모든 것이 서툴게 마련입니다. 매번 최적의 판단을 하지 못하는 것은 당연한 일입니다. 그래서 하수일지도 모르겠습니다만 이것은 결코 초보 골퍼의 문제는 아닙니다. 밥만 먹고 골프만 치는 선수들도 뜻하지 않게 망설이는 경우가 종종 있으니 말이죠.

클럽선택을 해야 하는 상황에서 샷을 하기 직전까지도 어느 클럽을 잡을 것인지 결정을 내리지 못합니다. 시간에 압박을 느끼고 '에라 모르겠다!' 하고 결단 없이 클럽을 쥐고 맙니다. 이렇게 거리에 대한 확신 없이, 클럽에 대한 확신 없이 샷에 들어간다면 애매모호한 스윙이 나오기가 쉽고, 이것은 터무니없는 결과로 이어질 수 있습니다. 이런 상황에서는 차라리 길더라도 확실한 샷이 필요합니다. 코스 공략을 할 때도 마찬가지입니다. 벙커까지 도달하지 않도록 칠 것인가, 벙커를 넘길 것인가, 벙커 옆으로 보낼 것인가 이런 상황에서도 '뭐 어떻게 잘 가겠지' 하고 치면 어김없이 벙커로 들어가고 맙니다.

어프로치를 할 때도 마찬가지입니다. 지금 이 상황에서 띄울 것인가, 굴릴 것인가, 그린에 떨어뜨릴 것인가, 프린지에 떨어뜨릴 것인가, 손목을 쓸 것인가, 안 쓸 것인가 확실한 결단을 하지 않으면 온탕, 냉탕의 주인공이 될 수 있습니다. 초보 골퍼들은 실수가 한 번 나오기라도 한다면 당황한 나머지 연속해서 실수를 범하곤 합니다. 빨리 해야겠다는 조급함 때문에 더욱 실수를 저지르는 것이죠.

그린에서도 마찬가지입니다. 경사를 정확히 본다고 봤지만 막상 어드레스를 서고 나면 이상해집니다. 처음에 봤던 경사대로 안 갈 것 같은 의심이 생기는 것이죠. 순간 스치는 생각에 그냥 칠까? 다시 볼까?를 고민합니다. 처음 본 것을 그대로 의심 없이 치든지 아니면 어드레스를 풀고 다시 경사를 보든지, 확실한 결단 없이 '에라 모르겠다. 어떻게 되겠지!' 이런 마음이면 미스의 가능성은 더욱 높아지고 마는 것입니다.

==이렇게 망설임 속에 하는 플레이가 실수를 더욱 유발시킬 수 있는 이유는 어느 한 쪽이라도 집중을 하지 못한 상태에서 동작을 수행하기 때문입니다. 여기서 집중이 안 된다는 것은 본능적인 감이 발동이 안 되는 것이고, 자신감에 찬 느낌을 온전히 살릴 수 없다는 말입니다. 그래서 망설임 속에 하는 샷보다 차라리 잘못된 결정이라도 확==

실한 결단으로 하는 샷이 더 낫다고 이야기할 수 있습니다. 망설임 끝에 나온 실수가 더욱 치명적일 수 있기 때문입니다.

06 매너 골프가 실력을 키운다

여러분 혹시 골프 규칙서를 본 적이 있으신가요? 골프가 신사 스포츠이기에 매너와 에티켓을 강조하는 것은 누구나 다 아는 사실입니다. 총 3장으로 구성되어 있는 이 골프 규칙서에서는 그것을 증명이라도 하듯 제1장에서 에티켓에 대해 명시하고 있습니다. 다음은 골프 에티켓을 간단명료하게 서술한 '경기의 기본 정신(The Spirit of the Games)'입니다. 규칙서의 가장 앞부분에 있는 내용입니다.

경기의 기본 정신

골프는 대부분 심판원의 감독 없이 플레이된다. 골프 경기는 다른 플레이어들을 배려하고 규칙을 준수하는 사람의 성실성 여하에 달려있다. 그리고 모든 플레이어는 경기하는 방법에 관계없이 언제나 절제된 태도로 행동하고 예의를 지키며 스포츠맨십을 발휘하여야 한다. 이것이 골프 경기의 기본 정신이다.

규칙서에 제시된 에티켓은 이렇게 '경기의 기본 정신'을 필두로 안전, 다른 플레이어에 대한 배려, 경기 속도, 코스의 선행권, 코스의 보호, 그리고 에티켓 위반 시의 징계에 관한 사안에 대해 명시하고 있습니다. 그러나 이렇게 문서화된 에티켓이 골퍼들이 지켜야 할 에티켓의 전부는 아닐 것입니다. 법이 우리 생활에 최소한의 도덕이듯이 규칙서에 명시한 에티켓 역시 '골프라는 세상 안에서 최소한 이것만이라도 지키자'는 약속입니다.

이 장에서 이야기하고 싶은 부분은 골프가 단지 신사 스포츠이기 때문에 혹은 다른 스포츠와 달리 더욱 매너를 강조한다고 해서 매너 있는 골프를 치자는 것이 아닙니다. 스스로가 매너 있는 골프를 위해 노력한다면 그 행위 자체가 경기력 향상에 영향을 줄 수 있는 긍정적인 요소가 있음을 말하고 싶습니다.

배려의 힘

에티켓에서 강조하는 내용은 공통적으로 다른 플레이어들에 대한 배려에 있습니다. '배려'의 사전적 의미를 살펴보자면 '도와주거나 보살펴주려는 마음'입니다. 남을 도와준다는 것은 참 가치 있는 일이고 흐뭇한 일입니다. 가령, 헌혈이라도 하고 나면 왠지 모르게 뿌듯한 마음이 생깁니다. 누군가 나의 혈액을 수혈받아 새 생명을 얻을 수 있기 때문입니다. 불우이웃을 위해 구세군 냄비에 천 원짜리 하나라도 보탠다면, 이것은 해 본 사람만이 느낄 수 있는 마음의 따뜻함이 있습니다. 어려운 사람들에게 나누어 주라고 익명의 큰돈을 내놓는 사람은 아직도 이 사회가 살아있다는 생각을 하게 만듭니다. 평생 폐지와 빈병으로 모아온 전 재산을 선뜻 장학금으로 기부한 어느 할머니의 이야기는 나 자신의 삶의 의미가 무엇인지 돌이켜보게 합니다. 모두 따뜻한 도움의 손길이요, 천사의 마음입니다. 이러한 선행은 무엇보다도 우리의 마음을 기쁘게 만듭니다.

주는 사람도 기쁘고, 받는 사람도 기쁘고, 옆에 있는 사람도 기쁩니다. 그 기쁨은 다시 고마움으로, 그 고마움은 다시 행복으로 돌아옵니다.

이렇게 돌고 도는 것을 무엇이라고 표현해야 할까요? 뭐 그냥 선순환(善循環)이라고 해두죠. 아무튼 배려와 같은 선행은 마음의 긍정적 에너지를 발산시킵니다. 이러한 이치는 골프장이라고 예외는 아닙니다.

> 플레이에 방해가 되지 않도록 세심한 주의를 기울이고,
> 동반자의 볼을 같이 찾아주고,
> 마지막 사람까지 홀 아웃을 기다려주고,
> 동반자의 기쁨을 진심으로 축하해주고,
> 동반자의 아픔을 진심으로 위로해주고,
> 딴 돈이 있다면 흔쾌히 돌려주기도 하고.

'남을 돕는다'는 마음에는 자신의 행복을 위해서 한다는 사람들도 있습니다. 좋은 일을 하고 나면 뿌듯해지고, 평온해지고, 한결 여유 있는 마음을 누릴 수 있기에 자꾸 하고 싶은 것입니다. 아마도 행복 호르몬과 같은 특별한 무언가가 있는 것 같습니다. 여기서 주목해

야 할 점이 바로 그러한 배려의 마음에서 비롯된 정서적 변화입니다. 직장 상사에게 한바탕 깨지고 나왔어도, 어제의 주식시장이 폭락했어도, 거래처에서 돈 달라고 성화를 해도, 행여나 새벽녘 골프장 나서는 길에 마누라가 바가지를 긁어대더라도 우리는 잠시나마 잊을 수 있고, 그 어떤 부정적인 마음 상태라도 긍정적으로 변화시킬 수 있습니다. 그것은 자신의 선행에서 비롯된 특별한 묘약과도 같습니다.

==배려의 마음은 행복감을 선사해주고 그 행복은 부정적인 정서를 순화시켜줍니다. 순화된 정서는 마음의 평온이요, 안정입니다. 이러한 심리상태를 자꾸 강조하는 이유는 바로 긍정적인 마음에서 무한한 집중력과 최고수행이 가능하기 때문입니다.==

🚩 규칙을 준수해야 하는 이유

앞서 제시한 '경기의 기본 정신'에는 심판원의 감독 없이 플레이 된다고 명시하고 있습니다. 물론 '경기위원'이라 하여 심판의 역할을 수행하는 사람이 있기는 하지만 다른 스포츠에서처럼 항시 지정된 자리에 있는 것은 아닙니다. 아무런 감시가 없는 상황에서도 플레이는 진행되기 때문에 골퍼에게 규칙을 준수하는 성실성을 요구하게 됩니다. 그러나 심판원이 없다는 것은 어느 누군가에겐 희소식이 되기도 합니다.

우리 김 사장님께서는 공이 디보트˚에 들어가기라도 한다면 어느샌가 옆으로 나와 있고, 분명 벙커 모래에 푹 파묻힌 공이었는데 한 번의 실수도 없이 탈출을 합니다. 무슨 일이 있었을까요? 그리고 조금이라도 스윙에 거치적거리는 것이 있다면 '이런데서 어떻게 볼을 치나 그려?' 하고 아무런 죄책감 없이 볼을 건드립니다. 티샷한 볼이

디보트(Divot)
골프채로 뜯겨진 잔디 또는 골프채에 패인 자리.

OB인가? 아닌가? 하며 누구 하나 시키지 않았는데도 가장 먼저 뛰어갑니다. 왜 그렇게 뛰어갈까요? 우리는 알고 있습니다. 우리의 친구가 정직한 모습을 보여주길 바랄 뿐입니다. 그러나 "어이 여기 공 살아있네!" 하며 어김없이 공의 생존소식을 타전합니다. 우리는 간혹 이렇게 불편한 진실과 마주하는 경우가 있습니다.

'규칙을 준수하자'는 것이 골프라는 게임의 기본 정신이기도 하지만 우리는 그것을 꼭 지켜야 할 또 다른 이유들이 있습니다. 그 이유를 차례차례 살펴보도록 하겠습니다.

① 진정한 골프실력 향상에 걸림돌이 된다

바늘 도둑이 소도둑이 되는 것처럼 한 번 버린 양심은 점점 커져서 더욱더 대담한 범행을 저지르기 마련입니다. 마치 중독이라도 된 것처럼 달콤한 유혹에서 헤어나기가 어렵게 되는 것이죠. 이런 과정에 들어서버리면 진정한 실력을 키우는 데는 전혀 관심을 갖지 않고 항상 요행수를 바라게 됩니다.

당장 한두 타 요행을 부린다 해서 본인의 베스트 스코어를 기록할 수 있을 것 같습니까? 하기도 어렵지만 설사 한다 해도 떳떳하지 못한 거짓 기록이 됩니다. 당장 한두 타 이득을 본다 한들 이 시합에서 합격할 것 같습니까? 당장 한두 타를 속인다 한들 내기골프에서 이길 것 같습니까? 천만에 말씀입니다. 캐디 눈치 봐야 하지, 동반자 눈치 봐야 하지, 범죄 저질러서 심장 떨리지, 스코어도 떳떳치 못하지, 시합에 통과하지도 못하고 기분만 찜찜한 이런 것을 꼭 해야겠습니까?

② 신뢰를 잃는다

차라리 대놓고 범죄를 저지른다면 애교로라도 봐줄 수 있는데, 아무도 몰래 알 한번 까보겠다고?* 으이구, 다 보입니다. 우리는 다 알고 있지만 서로의 신뢰도를 굳이 확인하려고 들지 않기 때문에 말을 안 할 뿐입니다. 그냥 모르는 척 하는 것이죠. 그런 것도 모르고 자꾸 알을 까고 있습니다. 호주머니에서 볼록했던 공이 없어졌다면 우리는 은밀한 작업이 있었음을 짐작할 수 있습니다. 그리고 어김없이 또 하나의 공을 꺼내 호주머니에 장전하는 우리 친구의 가련한 모습을 확인할 수 있습니다. 저 미련 곰탱이 같으니. 누군가에게 걸리기라도 한다면 이 사람의 인간성과 신뢰는 한순간에 추락할 것입니다. 이런데도 꼭 하시럽니까?

> **알 까다**
> OB나 볼을 못 찾았을 때 남몰래 공을 내려놓는 행위.

③ 팀 분위기를 망친다

룰을 어기는 행동은 팀 분위기를 망쳐놓을 수 있습니다. 많이들 겪어보지 않았나요? 자기는 그곳에서 구제를 받아놓고 '나는 안 봐준다'고 옥신각신. 'Give and take'라는 보이지 않는 법칙이 잔디밭 위에서도 그 진가를 발휘합니다. '너 한 번 봐줬으니까 나 한 번 봐주라'는 식으로 마치 곗돈이라도 타듯 번갈아 불법을 저지릅니다. 공평이라는 명분으로 공동범죄를 저지르고 있는 것입니다. 적당히 주고받아 라운드가 잘 끝나면 다행인데 어느 한쪽이라도 "야, 그건 못 봐주겠다", "아니 왜 못 봐주냐?" 하면서 급기야 싸움으로 발전합니다. 그리고 '다시는 저놈하고 볼 안 친다!'고 생각합니다. 뭐 친선라운드야 적당히 봐주면서 하기에 그럴 수 있겠습니다만, 골프를 업으로 하는 사람들에게는 절대 있어서는 안 될 일입니다.

5장 | 골프 고수로 도약하는 생각의 기술

④ 골프의 '참 재미'를 느낄 수 없다

　골프의 '참 재미' 중에 하나는 어려움을 극복하는 성취감에 있습니다. 우리는 세상을 살면서 천신만고(千辛萬苦) 끝에 무엇인가 해냈을 때, 그 보람과 성취감은 이루 말할 수 없는 기쁨이 됩니다. 파 4 홀에서 투 온 투 퍼트로 무난하게 파를 하는 것보다 쓰리 온 원 퍼트가 성취감이 더 높습니다. 평범한 쓰리 온 원 퍼트로 파를 하는 것 보다 하느님이 보우하사 나무 맞고 들어와 칩인*해서 기록한 드라마틱한 파가 훨씬 성취감이 높습니다. 이런 상황은 정말 버디보다 더한 기쁨을 만끽할 수 있습니다. 이런 것이 골프에서 '참 재미'가 아닐까요? 그런데 이러한 과정에서 떳떳하지 못한 행동이 있었다면 그것은 '참 재미'로 느낄 수 없을 것입니다. 어려운 순간을 요행수로 피하기보다 그것을 있는 그대로 받아들이고 극복했을 때 골프의 향기는 배가 됩니다.

　한 학생이 날을 새워가며 공부하여 시험에 100점을 맞습니다. 이 학생에겐 열심히 공부한 대가로 그 보람은 희열이 되어 돌아올 것입니다. 그러나 그 옆에 앉은 학생은 열심히 눈을 굴려가며 커닝을 해 100점을 맞습니다. 이 학생에겐 커닝을 열심히 한 보람은 있을지 몰라도 노력한 보람은 느낄 수 없습니다. 그리고 뭐 머릿속에 남는 것도 없을 테고요. 그리고 공부할 생각은 안 하고 또 다시 커닝할 연구만 할 것입니다.

　골프에서 '재미'라는 요인은 많은 부분에서 찾을 수 있고 또한 저마다 다를 것입니다. 우리 김 사장님은 공만 똑바로 가면 '재미'가 있다고, 캐디와 농담 따먹기만 해도 '재미'난다고 하겠지만 골프가 재미있는 것은 세상을 살면서 느낄 수 있는 기쁨과 슬픔을 골프 안에서 맛볼 수 있기 때문입니다. 이것이 바로 '참 재미' 아니겠습니까?

칩인
그린 주위에서 어프로치한 것이 홀로 들어가는 것.

07

배려도
과유불급
(過猶不及)

앞에서 배려의 마음, 매너 있는 골프는 자신의 플레이에 긍정적인 영향을 주는 것이라 말씀드렸습니다. 그러나 이번에는 그것이 너무 과한 것도 좋지 않다는 말씀을 드리려고 합니다. 뭐 이랬다 저랬다 하냐고 한다면 할 말이 없습니다만, 공자님께서 하신 말씀이 있어서 얼마나 다행인지 모르겠습니다.

과유불급(過猶不及) - 지나침은 못 미침과 같다.

공자에게는 누가 더 어질고 현명한지 비교해달라는 두 명의 제자가 있었습니다. 하나는 잘남이 지나치고 또 하나는 그 어짊이 모자라니, 공자님 말씀에 과유불급이라.

이러한 과유불급의 소식은 우리 삶에서도 얼마든지 찾아볼 수 있습니다. 적당한 소금간은 음식 맛을 좋게 하지만, 지나치면 입에 댈 수도 없습니다. 돈은 우리에게 윤택하고 편리한 삶을 만들어주지만, 그것이 주체할 수 없을 정도로 많아지면 불행의 씨앗이 되기도 합니다. 물과 불은 우리 생활에 없어서는 안 될 중요한 것들이지만, 그것이 또한 과(過)하면 돌이킬 수 없는 불상사가 생기고 맙니다.

🚩 좋은 사람 콤플렉스

배려심도 마찬가지입니다. 상대방을 위해 희생하고 마음을 써주는 것은 처음부터 끝까지 나무랄 데 없는 도덕적 인간상의 한 면일 수도 있습니다. 또한 '좋은 사람'이라는 평가를 받기 위한 필요조건이기도 합니다. 그러나 여기에도 과유불급의 소식이 있으니 그것이 지나치면 차라리 안 하니만 못할 수 있습니다.

심리학에서는 '좋은 사람 콤플렉스' 또는 '착한 사람 콤플렉스'라는 개념이 있습니다. 이 증상을 겪는 사람들은 모든 이들에게 배려하는 마음과 이해심을 발휘하여 좋은 사람, 착한 사람으로 평가받기를 갈망합니다. 어쩌면 그것이 삶의 목표가 되는 사람들이기도 합니다. 관계를 형성하는 방식에 있어서도 모든 사람들에게 잘해주는 것이 관계를 잘 맺는 것이고, 모든 사람들과 원만하게 지내야 한다고 생각합니다.

이런 이유로 다른 사람들의 부탁을 잘 거절하지도 못하고 또 상대방에게 화도 내지 못합니다. 화가 나는 일에도 화를 내지 않는 것이 좋다고 생각합니다. 나의 불편함보다 상대방의 불편을 더 견디지 못합니다. 항상 자신이 희생해야 할 것 같고 힘들어도 늘 고통은 자신의 몫입니다. 다른 모든 사람들에게 나로 인한 피해는 조금도 있어서는 안 된다고 생각합니다. 삶은 나 자신을 위한 것이 아니고 상대방을 위한 희생의 연속입니다.

이런 삶은 정말 다른 사람들에게 '좋은 사람, 착한 사람'이라는 평가를 받을 수 있을지도 모르겠습니다. 주로 '착해서 탈이다'라는 소리를 많이 듣습니다. 하지만 이런 사람들은 스스로 자신을 힘들게 만든다는 사실을 미처 모르고 있습니다. 자신의 감정표현에 솔직하지 못해 우울증에 시달리고 또한 자신의 욕구를 충족시키지 못해 스트레스를 가중시킨다는 사실을 깨닫지 못하는 것이죠. 한동안 제가 지닌 콤플렉스였습니다. '좋은 사람 콤플렉스'는 필드에서도 여실히 나타납니다.

티샷을 하기 위한 차례가 옵니다. 목표를 보고 연습 스윙을 합니다만 이 순간 다른 사람들이 나를 기다릴 것 같아 마음이 급해집니다. 다른 사람을 기다리게 해서는 안 된다는 생각에 항상 조급한 마음으로 샷을 합니다. 세컨드 샷을 할 때도 어프로치를 할 때도 퍼팅을 할 때도 나로 인해 상대방이 기다리면 절대 안 되는 일이고, 나로 인해 우리 팀 진행이 늦어져서는 절대 안 됩니다. 내 공이 없어져 찾아 헤맬 때는 정말 몸 둘 바를 모를 지경입니다. 실제로 나로 인해 진행이 늦어지기라도 하면 그날 골프는 골프가 아닙니다. 쥐구멍에라도 들어가고 싶고 빨리 끝났으면 하는 생각밖에 들지 않습니다. 동반자 모두가 나를 원망하지는 않을까 노심초사 불안해합니다. 내가 치는 순간에 누가 움직이거나 소음을 내더라도 불평불만이 없습니다. 신경이 쓰임에도 불구하고 '그냥 내가 참지' 혹은 '나는 그런 것 괜찮다'라고 스스로 생각합니다.

이렇게 상대에 대한 무조건적인 희생은 심리적으로 스스로를 조급하게 만들고 불안을 야기합니다. 이러한 부정적인 정서는 결국에 내 플레이에 치명적인 방해가 되어 집중력을 깨뜨리고 자신감을 앗아가는 것입니다. 물론 초보자 때는 게임에 적응이 안 되어 그럴 수 있습니다. 또한 골프를 하면서 상대를 배려하는 마음이 조금도 없다면 그것도 문제가 될 수 있습니다. 하지만 여기서 말씀드리고 싶은 점은 자기 자신을 힘들게 하면서까지 애쓰지는 말자는 것입니다. 즉, 내 플레이에 방해가 되지 않는 한도 내에서 상대방을 배려하자는 말이죠. 내가 존재하고 상대가 존재하는 것이지 나를 포기하고 상대만 생각한다면 그것은 자신의 존재를 부정하는 것이고 나의 가치를 싸구려 취급하는 것과 같습니다.

▶ 나를 사랑하는 마음으로 콤플렉스를 극복하자

좋은 사람 콤플렉스는 열등감 내지는 자아존중감에 상처를 입었을 때 두드러지게 나타나는 현상입니다. 바꾸어 말하면, 내 능력이 남보다 뒤 떨어진다는 생각을 하지 않을 때, 나 자신을 사랑하며 나 자신은 무엇이든지 해낼 수 있다는 믿음을 가질 때 비로소 나의 존재를 인정하는 것이고 나 자신은 누구보다도 가치 있는 사람이라고 믿는 것입니다. 이미 건강한 자아를 가지고 있는 사람이라면 잔소리로 들릴 수도 있습니다만, 제 말에 공감이 가는 사람이라면 모두 자신의 이야기를 하는 것 같아서 귀가 쫑긋해질 것입니다. 골프를 하든 무엇을 하든 성취와 행복을 위한 심리적 출발점은 여기서부터입니다. 그리고 여기가 바로 자신감의 씨앗이 되는 곳이기도 합니다.

> 나를 사랑하자. 살아 숨 쉬는 나를 느끼자. 내가 있음에 다른 사람이 있는 것이고 세상이 있는 것이다. 내 가치를 스스로 높일 수 있을 때 세상은 밝아진다. 세상이 밝아지면 내가 못 이룰 일은 없다. 이것

이 바로 '자아존중감(자존감)'이다.

　나를 위한 골프를 칩니다. 내가 칠 차례만큼은 상대방을 배려하는 마음 따위는 잠시 접어두고, 상대방이 나를 위해 기다려야 하는 시간이라고 생각합니다. 내가 칠 차례에는 내게 주어진 시간을 소비할 수 있는 권리가 있는 순간이니 서두르지 않습니다. 나의 로스트 볼을 찾을 때는 내가 상대의 볼을 찾아준 것처럼 상대도 나를 위해 배려해주는 시간이라 생각합니다. 내가 치려고 하는 순간에 누군가 방해를 한다면 정중하게 제지의 메시지를 보낼 줄 알아야 합니다. 나의 심기를 건드린다면 그 사실을 표현할 줄 알아야 합니다. 나의 퍼팅선에 마크가 걸리거나 신경이 쓰인다면 옮겨달라고 말할 수 있어야 합니다. 내가 퍼팅을 하려는 데 홀이 안 보인다면 깃대를 잡아달라고 부탁할 줄도 알아야 합니다. 누군가 규칙을 어긴다면 경고의 메시지를 보낼 수 있어야 합니다. 누군가 매너 없는 행동을 한다면 그것 또한 말할 수 있어야 합니다.

　이런 사소한 행동과 말 한마디는 곧 나의 마음을 지키고 보호하는 일입니다. 나의 존재 가치를 스스로가 인정하고 높이는 일인 것이죠. 이것은 결국 플레이에 대한 집중력을 높이고 자신감을 갖게 해줍니다. 이것은 매우 중요한 문제로써 골프에서뿐만 아니라 다른 일을 할 때도 마찬가지입니다. 일상생활에서도 같은 맥락으로 생각할 수 있다면 자신감에 넘치는 삶을 살 수 있다는 확신을 드리고 싶습니다.

08 핑계는 하수의 언어

5장 | 골프 고수로 도약하는 생각의 기술

> 미스 샷의 변명은 당신의 동료를 괴롭힐 뿐만 아니라 본인까지도 불행하게 만든다.
> – 벤 호건

우리는 어떤 일을 하면서 실수나 잘못된 일이 일어날 경우 그에 대한 책임 회피를 위해서 변명거리를 만듭니다. 바로 '핑계'입니다. 심리학에서 핑계에 관한 연구에 따르면 한국인은 핑계를 잘 대는 습성이 있고, 자신의 불행을 남의 탓(환경 탓, 부모 탓)으로 돌리는 경향이 있다고 보고하고 있습니다. 이유야 어찌 됐든 우리는 변명을 위해 감각적 또는 습관적으로 핑계를 대곤 합니다. '핑계 없는 무덤 없다', '처녀가 아이를 낳고도 할 말이 있다', '여든에 죽어도 핑계에 죽는다.' 등등 핑계에 관한 많은 속담들이 이것을 방증하고 있습니다. 우리는 정말 핑계를 잘 대는 민족인가 봅니다.

골프를 치면서도 우리의 민족성은 예외가 없습니다. 골프를 치면서 무슨 핑계든, 핑계 한 번 대보지 않은 사람이 없을 것입니다. 저도 한참 골프를 치면서 무수한 핑계를 갖다 대곤 했습니다. 골프를 잘 몰랐을 때는 잘 모르니까 그랬겠지만, 여러분도 그러한 경험이 있다면 자기 자신을 한 번쯤 돌아봐야 할 만한 중요한 문제가 숨어 있습니다.

핑계를 입버릇처럼 달고 다니는 김 사장님은 라운드를 한 번 할라치면 무슨 오만가지 이유가 그렇게 많은지 약간의 실수에도 이유 없는 샷이 없습니다. 한 번 들어볼까요? 운전을 오래 했더니, 어제 술을 한 잔 했더니, 채가 맘에 안 들어서, 아침부터 마누라가 들들 볶아대서, 캐디가 맘에 안 들어서, 장갑에 구멍이 나서, 뒤쪽 팀이 너무 빨리 쫓아와서, 앞 팀이 너무 느려서, 보는 사람이 많아서, 연습을 안 해서, 필드에 오랜만에 나왔더니, 스윙을 고치느라, 잔디가 없어서, 여기는 양잔디라서, 공이 더러워서, 처음 치는 코스라서, 레슨을 받았더니, 앞 팀에 여자가 보여서, 너무 이른 아침이라, 날씨가 더워서, 박 사장하고만 치면 등등. 핑계만 들어도 책 한 권은 나올 듯합니다. 도대체 이런 핑계를 왜 댈까요?

그 논리대로라면 김 사장님은 위와 같은 이유가 존재하지 않았다면 실수 하나 없이 잘 칠 수 있었다는 이야기가 됩니다. 정말 이유가 없었다면 잘 칠 수 있었을까요? 뭐 정말 이유가 있어서 실수를 할 수 있습니다만 그것이 과연 얼마나 될까요? 핑계를 잘 대는 사람한테 '그런 핑계대지 마라!'고 한다면 오히려 기분 나빠하고 도둑이 제 발 저린 양 도리어 성화를 냅니다.

핑계를 대는 골퍼의 심리를 정리해보자면 '나는 원래 잘 치는데 오늘은 장갑에 구멍이 나서 잘 안 되는 것이다. 그러니 나를 실력 없는 골퍼로 생각하지 말고 잘 치는 것으로 알아달라.' 뭐 이런 것 아니겠습니까? 좀 인정해달라는 간접표현입니다. 골프를 치다가 동반자한테 이런 핑계를 대는 자신을 발견했다면 그것이 진실인지 아닌지

규명할 수 있는 방법이 있습니다. 생각을 한번 해보시죠. '핑계'라는 것은 상대가 없으면 할 수가 없습니다. 그러니 스스로에게 핑계를 대봅니다. 그것이 진정 이유였는지 말입니다. 본인은 분명 어떤 것이 진실인지 잘 알 것입니다.

이리하여 핑계라는 것은 '무실력에 대한 변명' 정도로 이해하면 되겠습니다. 그런데 이것이 단순한 변명거리에 지나지 않는다면 저는 여기서 이 문제에 관해서 논하지 않았을 것입니다. 그보다는 핑계가 생활화 된다면 골프의 실력향상에 항상 걸림돌이 된다는 것을 이야기하고 싶었습니다. 즉, 자신이 정작 개선해야 하고 더 배워야 할 것이 무엇인지에 대한 고민을 안 하게 된다는 이야기입니다. 실력향상을 위한 진정한 노력을 하지 않는다는 것이죠.

앞서 제2장에서 언급한 '대단한 고수가 된 듯한 착각에 빠져 기고만장한 단계!' 바로 이 헛 고수 단계에 있는 사람들이 핑계의 달인들입니다. 핑계의 고수라고 이야기하면 좋을 것 같네요. '다 안다'는 자기함정을 정당화시키려면 바로 이 핑계가 있어야 하기 때문입니다. 핑계로써 굳이 '안다'고 떼를 쓰는 것이죠.

이쯤에서 '핑계'에 반대말을 생각해봅니다. 핑계는 변명을 드는 것이므로 인정(認定), 시인(是認), 자인(自認). 뭐 이 정도 되지 않을까 합니다. 제가 경험한 바에 의하면 진정한 고수는 자신의 실수에 대해 순순히 인정합니다. 고수는 구차한 변명 따위는 하지 않습니다. 고수는 '실수'라고 당당히 말할 줄 압니다. 모르는 것을 '모른다'고 솔직하게 말하는 것과 같은 이치입니다. 이러한 사고방식과 태도가 갖춰진다면 '골프를 잘 치려면 어떻게 해야 할 것인가?'에 대한 물음에 본질적인 해답을 찾으려고 부단히 애를 쓸 것입니다. 아직도 여러분은 핑계를 대고 싶으신가요?

골프에서 완벽은 없다

우리가 골프 연습을 열심히 하는 이유는 필드에서 멋진 샷을 날리기를 꿈꾸기 때문입니다. 그래서 뭐라도 하나 배우기라도 한다면 내 것으로 만들기 위해 부단히 연습을 합니다. 이런 생각으로 이름 하여 '굳히기'에 들어가는 것입니다.

'열심히 연습하면 스윙이 굳어지겠지.
연습만이 살길이야.'

필드에서 OB 한방이라도 날라치면 '아직 굳히기가 다 안 됐구나. 더 열심히 해야겠다.' 하면서 죽어라 연습을 합니다. 그리고 또 필드에 나가서 셀 수 없는 뒤땅을 쳐대고 '아직도 멀었어. 골프는 정말 멀고도 험한 길이야.' 하며 나름의 결론을 내립니다. 참 열심히도 합니다. 우리는 주위에서 이렇게 연습을 열심히 함에도 불구하고 그만큼의 대가를 얻지 못하는 골퍼들을 많이 보게 됩니다. 누가 봐도 참으로 열심입니다. 이 책이 그런 골퍼들을 위한 책이라고 한다면 '골프에 완벽은 없다'는 말도 그중 한마디가 될 것입니다.

'굳히기'라는 명목 하에 그토록 열심히 하는 이유는 '완벽한 스윙'을 위해서입니다. 이러한 생각은 우리가 '실수투성이의 인간'이라는 사실을 망각하고 있는 것입니다. 우리는 실수가 절대 없어야 함에도 불구하고 실수를 저지르는 인간의 행태에 놀라움을 금치 못합니다.

　수백 명이 탄 비행기가 인재라는 이유로 추락을 합니다. 수천수만 톤의 기름을 유출시킨 유조선의 침몰사고는 기상악화를 무시한 무리한 항해에서 비롯되었습니다. 각종 교통사고로 인한 사망사고 역시 대부분 인간의 실수로 일어납니다. 뱃속에 수술 가위를 남겨놓고 배를 꿰매는 어처구니없는 실수도 바로 웃지 못할 인간의 짓입니다. 우리는 크건 작건 실수투성이의 삶을 살아가고 있습니다. 인간이 하는 일이 그렇습니다. 기계도 오작동을 하여 사고를 내는 마당에 인간이라고 별 수 있겠습니까? 한 번이라도 실수하지 않는 삶을 사는 사람이 이 세상에 과연 존재할까요?

　골프라는 세상 안에서도 마찬가지입니다. 기계적인 스윙을 뽐내는 골프 황제 타이거 우즈의 터무니없는 실수에 해설자는 이렇게 묘사합니다. "타이거 우즈가 인간적인 모습을 보여주네요!" 인간은 본디 실수가 많음을 암시하는 해설자의 말에는 조금도 어색함이 없습니다. 이렇게 사람이 하는 일에는 반드시 실수가 따르기 마련인데, 참으로 아이러니한 것은 우리는 오매불망(悟寐不忘), 완벽한 스윙만을 꿈꾼다는 것입니다. 혹자는 이렇게 말할 수도 있습니다.

　"완벽을 꿈꾸다 보면 완벽하지는 않겠지만, 언젠가는 완벽에 가깝게 되지 않을까요? 그만큼이라도 한다면 골프를 잘할 수 있지 않을까요?"

논리적으로 빈틈이 없는 말처럼 보입니다. 그러나 여기서 묻고 싶은 것은 어디까지가 완벽에 가까운 것일까요? 과연 그것이 있기는 한 걸까요? 우리는 여기서 이분법(二分法)적 사고를 하는 우리의 자화상을 세심하게 관찰할 필요가 있습니다.

골프를 치다가 터무니없는 실수가 한 번이라도 나오면 우리는 그것을 '완벽에 가깝다'라고 생각하지 못하고 '(애당초 생각했던 대로)아직도 완벽하지 못하다'라고 단정 짓는데서 문제가 발생합니다. 우리 영혼의 판단은 '완전'과 '불완전' 두 가지로만 존재한다는 것이죠. 결국, '불완전하다'는 결론을 자아내면 우리는 또다시 '완전'을 꿈꾸는 쳇바퀴 속으로 들어가고 맙니다. 사실 실수라는 것은 골프에서 필연적입니다. 실수를 안 할 수는 없다는 이야기입니다. 이러한 사실에 비추어 본다면 완벽이라는 단어는 있어서는 안 될 말인 것 같습니다. 세상 모든 것은 변하지 않는 것이 없으니 말이죠.

> 인간에게 '완벽'이라는 것은 애당초 없는 것이고 '완벽에 가까운 것' 또한 존재하지 않습니다.
> 존재하지도 않는 허상만 쫓고 있다면 비참한 최후를 맞이할 수 있습니다.

결국 이러한 이분법적 사고에는 실수를 하여도 실수를 인정하지도, 수용하지도 못하는 중대한 오류를 범하게 됩니다. 그것은 곧, 자신을 끊임없이 질책하고, 책망하면서 자신에게 관대하지 못하게 되어 급기야는 절체절명(絶體絶命)의 사태를 맞이합니다. 그래서 결국엔 골프에 흥미를 잃고 맙니다.

자신은 운동에 소질이 없다고 생각합니다.
자신은 골프에 적성이 맞지 않다고 생각합니다.
자신은 골프를 잘 할 수 없는 환경(조건)에 있다고 생각합니다.
자신을 의심하게 됩니다.
자신을 미워하게 됩니다.
자신의 행동이 하나둘씩 싫어집니다.
결국엔 모든 것이 싫어집니다.

골프 때문에 속상해하고, 골프 때문에 화가 치밀고, 골프 때문에 애가 타고, 골프 때문에 눈물을 흘려본 사람이라면 '나는 완벽을 꿈꾸는 1인이 아니었던가?' 자문해볼 필요가 있습니다. 정말 골프를 잘 치려면, 오로지 완벽한 스윙을 실현해냄으로써 그것을 이루겠다는 생각은 하루라도 빨리 버려야 합니다. 프로선수든 김 사장님이든 말이죠. 특히 자신이 꼼꼼한 스타일 또는 완벽주의자라는 이야기를 듣는 사람들은 더욱 주의가 필요합니다.

아마추어 골퍼들을 가르치면서 가장 많이 듣는 말 중에 하나는 '나는 골프에 소질이 없는 것 같다'는 말입니다. 그 중에서도 특히 여자 분들에게 두드러지게 나타나는 현상입니다. 이러한 현상은 운동을 접해보지 않은 자신의 경험을 '소질이 없다'고 착각하는 것입니다. 어려서부터 체육활동을 많이 해보지 않은 분들에게서도 쉽게 볼 수 있습니다. 왜 이렇게 자신을 비관적으로 생각하고 부정적인 판단을 그리도 쉽게 하는지 안타깝기만 합니다. 스윙의 원리를 잘 설명해주고 본인의 잠재능력을 잘 발현할 수 있도록 도와주면 누구든지 잘 해내는 모습을 저는 너무나 많이 보아왔습니다.

결론적으로 말씀을 드리자면, 골프에서 스윙과 필드 라운드에서의 플레이에 '완벽'이라는 것은 결코 존재하지 않습니다. 이렇게 존재하지도 않는 '완벽'을 쫓는다면 자신의 영혼을 조금씩 좀먹어 결국엔 골프뿐만 아니라 모든 것을 포기하게 만들 수도 있습니다. 부디 자신에게 관대해지길 바랍니다.

10

골프는 즐기는 마음으로

가끔 골프를 너무나도 진지하게 하는 사람들을 볼 수 있습니다. 마치 무슨 공부라도 하듯이 말이죠. 동작에 대한 세세한 방법을 외우듯 하고, 하나하나 볼을 치고 있는 표정에는 그 심각함이 역력합니다. 또한 필드에서 뜻하지 않은 실수가 나오거나 똑같은 실수를 반복하기라도 한다면 스스로에 대한 화에 극도로 예민해지기도 합니다. 마음대로 되지 않는 골프는 연습장에서나 필드에서나 스트레스의 원인이 되고 맙니다. 이놈의 골프! 누가 만들었는지 날마다 골프를 때려치우네 마네 합니다. 골프를 즐기지 못하는 사람의 전형입니다.

골프라는 것은 스포츠의 한 종목입니다. 스포츠라는 것은 인간의 놀이에서 비롯되어 게임으로 진화된 것을 말합니다. 그것이 더욱 규격화, 제도화되고 경쟁을 통하여 승패를 가르게 되는데, 모든 운동종목이 그러하듯이 그 근원적 속성에는 흥미와 재미를 추구하는 '놀이'라는 사실이 존재합니다. 이렇게 골프는 흥미와 재미를 위한 일임에도 불구하고 많은 사람들은 그 본질을 파악하지 못하고 또한 그것에 충실하지도 못하는 경우가 많습니다. 재미있고 즐겁자고 하는 일인데 그렇지 못하다면 이것은 결코 놀이가 아닌 노동이라고 말하는 것이 맞지 않겠습니까? 바쁜 일상에 귀중한 시간, 비싼 돈 들여 필드에 나왔는데 재미는커녕 스트레스만 받고 간다면 참 불행한 하루일 것입니다. 재미가 없으니 잘 될 리도 만무합니다.

게임을 윤택하게 만드는 우리의 실수

골프를 즐기지 못하는 이유 중 하나는 실수에 대한 잘못된 태도에 그 원인이 있기도 합니다. 앞서 실수투성이 인간에 대해서 언급하면서 누구나 언제 어디서든 할 수 있는 것이 실수라고 했습니다. 여기서 우리는 실수의 정당성을 논하는 것에만 그치지 않고 실수 그 자체가 골프라는 게임을 윤택하게 만든다는 사실을 알 필요가 있습니다.

골프가 만약 배우기 쉽고 누구나 쉽게 정복할 수 있는 것이었다면 아마도 금방 싫증이 났을 것입니다. 그러나 우리가 그토록 '때려친다! 때려친다!' 하면서 또 다시 필드에 가는 것은 좀처럼 정복되지 않기 때문입니다. 그렇게 쉽게 정복이 되지 않는 이유가 바로 우리의 실수 덕분입니다. 만약 실수라는 것이 없었다면 골프를 치는 족족 완벽한 게임이 되어, 더 이상 도전의 가치를 느낄 수 없는 공놀이에 불과했을 것입니다. 그래서 우리는 터무니없는 실수가 나오더라도 그것 자체를 즐길 수 있어야 합니다. 이런 실수와 위기상황은 자칫 스트레스를 유발시킬 수도 있지만 우리는 약간의 생각 차이로 그것마저도 즐길 수 있는 방법을 찾을 수 있습니다. 골프가 재미있는 것 중 하나는 이렇게 실수를 연발하여도 극복하고 만회하는 기쁨에 있습니다.

골프를 치다가 미스 샷을 합니다. 그 실수는 곧 스스로를 위기상황에 처하게 만듭니다. 물론 그것을 극복하지 못할 때도 있습니다. 하지만 그것을 극복하고 만족할만한 스코어를 기록했다면 왠지 모를 성취감과 뿌듯함을 느낄 수 있습니다. 드라마틱한 파를 했을 때 느끼는 그것입니다. 누군가 그런 말을 합니다. "평탄한 길은 재미없어. 오르막 내리막이 있어야 지루하지 않아. 그것이 인생이든 뭐든!" 여러분도 그렇게 생각하지 않나요? 이렇게 긍정적 정서를 배로 맛볼 수 있게 하는 근원에는 바로 실수라는 것이 있어야 가능한 일입니다.

긴장을 즐기자

골프를 즐기지 못하는 또 다른 이유 중에 하나는 긴장과 불안을 경계하는 것에 있기도 합니다. 첫 홀에서의 긴장감, OB가 날 것 같은 불안감, 물에 빠질 것 같은 불안감, 1m 퍼팅이 빠질 것 같은 불안감, 김 사장님에게 질 것 같은 불안감. 내기라도 한다면 그 긴장감은 배가 됩니다. 이것이 정녕 경계의 대상일까요? 그렇지 않다는 말씀을 드리고 싶습니다.

인간은 참 희한하게도 극도의 긴장감과 위험한 것을 즐기려는 속성이 있습니다. 스카이점프, 번지점프, 패러글라이딩, 스킨스쿠버, 암벽 등반 등등 최근에 각광받고 있는 모험스포츠들이 그렇습니다. 골프는 이러한 모험스포츠에서 느낄 수 있는 스릴과는 전혀 관계가 없다고 생각하는 사람들이 있습니다. 이런 사람들은 "골프는 역동적인 스릴이 없어서 안 한다"라고 말합니다. 이는 골프를 잘 모르는 생각입니다. 골프가 얼마나 애간장을 태울 만큼의 불안과 스릴이 있는지를 아직 모르는 것이죠. 긴장감 속에서의 플레이, 그리고 성공적인 플레이 이후 그 긴장의 해소감 그리고 '해냈다'는 성취감, 이것은 얼마를 지불한다 해도 아깝지 않을 골프만의 재미입니다.

골프를 즐겨야 하는 이유

골프를 즐기지 못하는 이유는 뭐 이것 말고도 많을 것입니다. 그 이유가 어찌 됐든 스스로 생각해보는 시간은 분명 필요합니다. 골프를 억지로 하는 느낌이 들어봤는지, 스트레스 때문에 한번이라도 때려치우고 싶었는지, 골프 때문에 화가 머리끝까지 치밀어봤는지, 골프가 안 되어 울어봤거나 조금이라도 재미가 없다는 생각이 들었는지……. 이런 경험이 있었다면 내가 과연 골프를 즐기고 있는 것인지, 골프의 노예가 된 것인지 자문해 볼 필요가 있습니다.

골프를 즐기는 마음으로 해야 하는 이유는 이렇습니다. 골프를 하다 보면 정말 화도 나고 스트레스도 받습니다. 그러나 이러한 것들을 즐긴다는 마음으로 극복할 수 있다면 부정적인 정서를 긍정적인 에너지로 전환시킬 수 있습니다. 긍정적 에너지는 앞서 언급한 바와 같이 분석적 사고를 피하게 되고 감각을 살리며 집중을 도와주고 자신감을 가질 수 있는 원료가 됩니다.

또한 골프를 즐기는 마음만 있으면 동반자와 유쾌한 시간을 보낼 수 있습니다. 오늘 골프야 잘 되든 안 되든 웃고 즐기고 행복한 시간을 보냈다면 참으로 가치 있는 시간을 보낸 것에 뿌듯함을 느낄 수 있습니다. 어느 한 사람이라도 팀 분위기를 심각하게, 험악하게, 예민하게 조성한다면 그날 골프는 참 재미가 없어진다는 것을 여러분은 경험해 보지 않았습니까? 제 경험에 의하면 골프만의 특성을 이해하고, 그 특성을 즐기다 보면 골프가 정말 잘 된다는 것을 느낄 수 있었습니다. 즐기는 마음이 곧 실력향상에 도움이 된다는 이야기입니다.

골프를 즐길 수 있는 요소는 이 밖에도 많이 있습니다. 좋은 공기를 마시고, 녹음을 즐기고, 자연에 맞서 도전하고, 좋은 사람들과 친교의 기회를 갖는 등 골프라는 것은 참으로 즐기기 더없이 좋은 놀이이

기에 오늘도 문득 물음표를 달아봅니다. '골프를 안 하는 사람들은 도대체 무엇을 하고 살지?'

가슴으로 느끼는 자신감

스포츠뿐만 아니라 모든 일상에서도 무엇인가 성취에 필요한 정신적 요소는 바로 이것, '자신감'이 아닌가 생각해봅니다. 저에게 골프를 잘 칠 수 있게 하는 정신적 요소를 두 가지만 뽑으라 한다면 '집중력'과 '자신감'을 뽑겠습니다. 그만큼 매우 중요합니다. 그리하여 스포츠심리학자들에게도 주요한 연구대상이 되고, 실제로도 많은 연구가 진행되어 왔습니다. 이렇게 중요하다고 하는 '자신감'을 왜 이 책의 가장 뒤쪽에 두었는지 여러분은 궁금해 하시겠죠?

아이들이 무슨 공연을 한다든지, 시험을 본다든지, 아니면 어떤 중요한 수행에 대하여 평가를 받는 일을 앞두고 있다면 그 부모들은 자식에게 "긴장하지 말고 자신 있게 해"라고 주문합니다. 이 순간에 해줄 수 있는 최선의 말입니다. 이런 부모의 말을 들은 아이들은 심리적 안정에 얼마나 도움이 될까요? 전혀 없다고는 말할 수 없습니다. 하지만 긴장에 떨고 있는 아이가 이 말 한마디에 감쪽같이 긴장이 해소되거나 자신감이 한껏 부풀어 오르기는 쉽지 않을 것입니다.

골프도 마찬가지입니다. 누군가 여러분에게 '자신감을 갖고 해라!'는 말을 한다고 해서 그 이야기를 듣고 스스로에게 자신감을 주문

한다면 그것이 과연 진정한 자신감이라고 말할 수 있을까요? 이것은 필시 OB 한 방과 함께 날아갈 것입니다. 말로야 뭐 단숨에 만리장성인들 못 쌓겠습니까? 학교 선생님들이 학생들을 가르칠 때 "사회생활에서는 인성이 중요하니 인성을 키워야 한다"라고 아무리 떠들어봐야 학생들이 그 말을 듣고 인성을 키우려 할까요? 그 인성이라는 것은 오랜 시간 경험하고 고민하면서 자신에 대한 성찰과 내적 각성에 의해 하나씩 하나씩 만들어져 가는 것입니다. 바로 이것이 인성형성의 과정입니다. '말로만 하는 자신감', '머리로만 갖는 자신감'은 유명무실(有名無實)이요, 속 빈 강정과도 같습니다. 저는 이것에 대응하여 '가슴으로 느끼는 자신감'을 이야기하고 싶습니다.

> '가슴으로 느끼는 자신감'은 잔디 위에서 여유롭고 초연합니다. 교만하지 않고 무모하지 않습니다. 서두르지 않고 흥분하지 않습니다. 끈기가 있고 집요합니다. 실망하지 않고 좌절하지 않습니다. 희망에 차있고 마음의 풍요로움이 있습니다. 말로는 그 실체를 모두 표현할 수 없는 그러한 마음의 상태! 이것이 바로 진정한 자신감입니다.

인간의 언어라는 것이 자칫 본연의 의미를 모두 설명할 수 없을 때가 있습니다. 단어 하나로 집약시켜 그 의미를 개념화할 뿐 항상 오해의 소지가 있는 것이 인간의 언어가 아닌가 합니다. 사랑, 우정, 예의, 정의, 도덕 이것이 어찌 단어 하나로 모든 것을 표현한다 이야기할 수 있겠습니까? 자신감 역시 마찬가지입니다. 'OB 한 방에 날아가는 자신감'과 여기서 이야기하는 '가슴으로 느끼는 자신감'은 엄연하고

도 확연하게 다른 것입니다.

　그렇다면 골프에서 이 '가슴으로 느낄 수 있는 자신감'을 갖기 위해서 우리는 과연 어떻게 해야 할까요? 이것은 아마추어든 프로든 성공적인 플레이를 하기 위해서는 반드시 거쳐야 할 과정입니다. '자신감(自: 스스로 자, 信: 믿을 신, 感: 느낄 감)'이라는 것은 말 그대로 '자신을 믿는 느낌'입니다. 시험을 본다면 시험을 잘 볼 수 있을 것이라는 믿음이고, 골프를 한다면 골프를 잘할 수 있다는 믿음입니다. 여기서 우리는 '믿다'라는 주요한 의미를 상기할 필요가 있고 또 이러한 정신적 행위에 주목할 필요가 있습니다. 그렇다면 '믿음'이라는 것은 무엇일까요? 사전적 의미를 살펴보겠습니다.

> **믿다** …(동사)
> 1. 어떤 사실이나 말을 꼭 그렇게 될 것이라고 생각하거나 그렇다고 여기다.
> 2. 어떤 사람이나 대상에 의지하며 그것이 기대를 저버리지 않을 것이라고 여기다.
>
> 출처 | Naver 국어사전

　저는 여기서 1번의 '어떤 사실'에 대하여 곰곰이 궁리를 해보았습니다. 이 '사실'이라는 것은 철학적 의미에서 볼 때 시간과 공간 안에서 볼 수 있고, 실제로 일어난 사건이나 현상이면서, 의심할 수 없는 현실적 존재성을 가진 그것이라고 이야기할 수 있습니다. 우리는 믿는 대상에서 이러한 속성을 발견할 때 비로소 그 믿음이라는 정신적 행위가 시작됨을 알 수 있습니다.

　제가 이렇게 책을 쓰는 이유와 여러분이 이 책을 구입하게 된 연유는 '골프 한 번 잘 쳐보자!'는 데 있습니다. 그렇다면 우리는 어떻게 하면 골프를 잘 칠 수 있는지에 대한 정확한 사실을 알 필요가 있습니다. 다시 말해 '시간과 공간 안에서 볼 수 있고 실제로 일어난 사건이나 현상이면서 의심할 수 없는 현실적 존재성을 가진 그러한 방법'을 알아야 골프를 잘 칠 수 있다는 이야기입니다. 뭐 이것은 이 땅에 골프를 치는 사람이면 이 순간에도 찾아 헤매는 문제일 것입니다.

골프를 잘 칠 수 있는 그 방법의 사실은 과연 무엇일까요?
골프를 잘 칠 수 있는 그 방법의 본질은 과연 무엇일까요?

만약 이것을 정확하게 알 수만 있다면 그리고 아는 대로 골프를 수행한다면 골프를 못할 리가 있겠습니까? 진실을 알고 있고, 아는 대로 한다면, 사실대로 한다면 두려울 것이 있을까요? 못할 것이 있을까요? 비행기를 처음 타는 사람의 불안감은 자주 비행기를 타다보면 기우(杞憂)에 지나지 않음을 느낍니다. 외국에서의 생활 역시 처음엔 모든 것이 두렵지만 하나씩 부딪치고 해결해나가면서 두려움 따위는 사라집니다. 자신감을 얻은 것입니다. 바로 이러한 자신감은 성취에 대한 방법을 터득하게 된 것에 그 이유가 있습니다. 다시 말해 목적 달성을 위한 방법을 터득하게 된 것이죠.

그렇다면 '골프를 잘 쳐보자!'는 목적 달성을 위해 그 방법을 터득하게 된다면 어떨까요? 막연한 두려움은 사라질 것이고 또한 자신감이 생기지 않을까요? 그 방법이라는 것이 사실이고 본질이라면 말입니다. 이 책이 '골프를 잘 쳐보자!'는 목적을 위한 본질이고 사실이라고는 말하지는 않겠습니다. 그렇지만 저는 이러한 방법으로 프로에 입문했고 주말골퍼에게 희망을 주었습니다. 그리고 국가대표선수와 프로선수들을 지도하면서 나의 학생들을 시합에서 우승으로 이끌기도 합니다. 여러분도 이 책에서 제시한 방법으로 골프를 할 수만 있다면 머리가 아닌 '가슴으로 느끼는 자신감' 그리고 '눈물 나는 골프'가 '웃음 짓는 골프'가 될 수 있다는 확신을 드리고 싶습니다.

자, 이제 처음에 제시했던 선문답의 실마리가 좀 잡히시나요? 길고 험난했던 이 책을 끝까지 읽어주신 여러분께 진심으로 감사드립니다.

에필로그

바쁜 일상이지만 이렇게 한 권의 책이 마무리되었습니다. 책이라 해서 딱딱한 글이 되지 않도록 노력했는데 두서없는 글이 아니었는지 모르겠습니다.

골프 한번 잘 쳐보겠다고, 프로 한번 돼보겠다고 정말 많은 노력을 했음에도 불구하고 골프는 정말 뜻대로 되지 않았습니다. 프로테스트에 합격하던 날, 그토록 목 놓아 울면서 한(恨)을 풀었음에도 불구하고 아직도 그 상처가 아물지 않은 듯싶습니다. 그렇게 아파했던 지난날들이 주마등처럼 스쳐지나갑니다. 이 책을 마무리하는 순간에도 울컥 치미는 가슴을 힘겹게 참아내고 말았습니다.

때로는 골프를 반대했던 아버지를 원망하기도 했고, 때로는 나의 환경을 탓하기도 했습니다. 때로는 나의 무능한 운동신경에 원인을 두기도 했습니다. 지금에 와서 생각건대 이것이 나의 운명인지 골프로 힘들어하는 사람을 누구보다도 잘 인도해주라는 경험과 배움의 과정이 된 것 같습니다. 필자가 정말 골프로 상처받은 사람들을 치유할 수 있는 골프닥터를 자처한다면 아파했던 지난날의 경험은 이보다 값진 경험이 없을 것만 같습니다.

이제 저에겐 골프로 힘들어하는 사람들을 도와주는 것이 무엇보다도 보람되고 즐거운 일이 되었습니다. 이 땅의 골프 때문에 죽겠다는 사람들은 모두 살려줘야만 할 것 같고, 이것이 나의 일이라는 생각과 내가 할 수 있는 일이 있다는 사실에 무한한 기쁨을 느낍니다.

이렇게 한 권의 책으로 나오게 된 것은 그동안 골프를 하면서 도

움을 주셨던 많은 분들이 있었기에 가능한 일이었습니다. 필자에게는 은인과도 같은 분들입니다. 아무런 조건 없이 라운드 연습 기회를 제공해주신 서서울 컨트리클럽의 정승환 사장님, 김성태 상무님께 고개 숙여 감사의 말씀을 드리고 싶습니다. 그리고 저의 골프 스승이신 이경호 프로님, 또한 골프심리학의 스승이 되어주시고 생각에 확신을 주신 체육과학연구원의 김병현 박사님께도 감사의 말씀을 올립니다.

그리고 쑥스러워 한 번도 이야기 못했던 부모님께도 감사의 말씀을 드리고 밤낮으로 퇴고를 도와준 친구 김연수 프로와 최용승 프로에게도 감사의 뜻을 전합니다. 무엇보다도 필자의 글에 관심을 가져주시고 이렇게 책으로 출판할 수 있도록 도움을 주신 예문당의 임용훈 대표님 그리고 출판사 관계자 여러분께도 감사의 말씀을 드립니다. 끝으로 사랑하는 아내와 바쁜 일상으로 많이 놀아주지 못하는 아들 태건이와 딸 민서에게도 미안함과 고마움을 전합니다.

이렇게 저는 한 권의 책으로 세상으로의 첫 발을 내딛습니다. 두 번째, 세 번째도 한 걸음 한 걸음 나아갈 생각입니다. 다음에 다른 테마로 또 만날 것을 약속드리며, 부디 이 책을 통해 눈물나는 골프가 웃음짓는 골프가 되기를 간절히 바랍니다.

한국체육대학교에서
이종철